Bisher fehlten zuverlässige Ausgaben der griechischen und lateinischen Weltwunderlisten, von Übersetzungen ganz zu schweigen. Dabei geben nur sie uns Auskunft auf Fragen wie: Seit wann spricht man von den Sieben Weltwundern? Welche sieben rechnete man zunächst dazu? Was galt als das achte Weltwunder? Welche älteren Weltwunder werden später durch christliche aus der Siebenerliste verdrängt? Wie lange bleibt es überhaupt bei einer Siebenerliste? Ja, manche Städte kennen sogar Sieben Weltwunder in ihren Mauern: Konstantinopel, Rom und – Jena! Einen imaginären Reiseführer zu den Sieben Weltwundern – auch von ihm fehlte bisher eine moderne Ausgabe und eine vollständige Übersetzung – bietet der antike Autor Philon von Byzanz, ja mehr noch: Der Tourist »ist zu den Orten gekommen, hat sie einmal gesehen, ist abgereist und hat sie schon vergessen«, der Leser von Philons Werk hingegen »betrachtet das ganze Werk der Kunst wie in einem Spiegel und bewahrt so die Merkmale dieser Bilder unauslöschlich; mit der Seele nämlich hat er die Weltwunder geschaut«. Kai Brodersen bietet in vorliegendem Band erstmals eine zuverlässige Ausgabe und Übersetzungen aller griechischen und lateinischen Texte; Abbildungen von Handschriften und der Abdruck der einflußreichen Weltwunderbilder des Maarten van Heemskerck (1572) machen die Tradition der Sieben Weltwunder anschaulich.

insel taschenbuch 1392

Reiseführer zu den

Sieben Weltwundern

Reiseführer zu den Sieben Weltwundern

Philon von Byzanz
und andere antike Texte

Zweisprachige Ausgabe
Eingeleitet, übersetzt
und erläutert
von Kai Brodersen

Mit Abbildungen

Insel Verlag

Für die Sieben Weltwunder von Groningen:
Andrew, Rebecca, Molly, Thomas, Rosie, Isobel
und Anne-Marie

insel taschenbuch 1392
Erste Auflage 1992
Originalausgabe

Hinweise zu dieser Ausgabe am Schluß des Bandes
Vertrieb durch den Suhrkamp Taschenbuch Verlag
Umschlag nach Entwürfen von Willy Fleckhaus
Umschlagabbildung: Thomas Seddon,
Die Pyramiden von Gizeh, Ausschnitt.
Foto: The Bridgeman Art Library, London
Satz: MZ-Verlagsdruckerei GmbH, Memmingen
Druck: Nomos Verlagsgesellschaft, Baden-Baden
Printed in Germany

1 2 3 4 5 6 – 97 96 95 94 93 92

INHALT

EINLEITUNG

»Das wußte ich nicht« – so schrieb vor siebenhundert Jahren der Verfasser einer Liste der Weltwunder neben eines davon, den »Bellerophon von Smyrna«. Und auch heute noch dürfte kaum jemand wissen, daß diese Statue, die durch Magnetkräfte schwebend in der Luft gehalten wurde, als Weltwunder galt; jeder Lexikon-Artikel über die Sieben Weltwunder der Antike und alles, was bislang an Sach- und auch an Kinderbüchern, ja sogar an Familienspielen zum Thema erschienen ist, behandelt stets folgende Sieben Weltwunder der Antike:
– die Pyramiden von Ägypten,
– die Stadtmauern und
– die Hängenden Gärten von Babylon,
– den Tempel der Artemis (Diana) von Ephesos,
– die Statue des Zeus (Jupiter) von Olympia,
– das Mausoleum von Halikarnaß,
– den Koloß des Helios (Sol) von Rhodos,
– den Pharos (Leuchtturm) von Alexandria –
und damit schon acht Weltwunder! Dabei nehmen die Autoren diese Liste zum Anlaß, über die tatsächliche, zum Teil durch Ausgrabungen erforschte Gestalt dieser antiken Weltwunder zu berichten.

Insofern stehen sie in einer Tradition, die der antike Autor Philon von Byzanz begründet hat – in seiner Rede über die Sieben Weltwunder beschreibt auch er deren Gestalt. Er verspricht damit die beschwerliche Reise zu ihnen unnötig zu machen, indem er wie ein Reiseführer eine schöne Beschreibung der Wunder bietet. Der Rei-

sende nämlich »ist zu den Orten gekommen, hat sie einmal gesehen, ist abgereist und hat sie schon vergessen«, der Leser von Philons Werk hingegen »betrachtet das ganze Werk der Kunst wie in einem Spiegel und bewahrt so die Merkmale dieser Bilder unauslöschlich; mit der Seele nämlich hat er die Weltwunder geschaut«.

Wie aber steht es mit dem Bellerophon von Smyrna, dem Palast des Perserkönigs (dem kürzlich eine Ausstellung mit dem Titel »Ein Weltwunder der Antike« gewidmet war) und den anderen Weltwundern? Was hat man im Wandel der Zeit von der Antike bis in die frühe Neuzeit zu den Weltwundern gerechnet?

So wie Philons Werk, das etwa für die Rekonstruktion des Kolosses von Rhodos eine wichtige Quelle ist, zuletzt 1858 (und das fehlerhaft) ediert und noch nie vollständig ins Deutsche übersetzt wurde, fehlen auch hierfür zuverlässige Zusammenstellungen: Die bisher vorliegenden sind alle lückenhaft und geben teils falsche Belegangaben, insbesondere gibt keine die griechischen und lateinischen Texte der Listen wieder, geschweige denn Übersetzungen dieser Texte. Dabei scheint es gerade interessant, wie etwa christliche Weltwunder ältere verdrängen, da die Listen weiterhin nur Platz für sieben boten, wie schließlich doch die Zahl ausgeweitet wird – und wie sogar Weltwunderlisten für einzelne bedeutende Städte zusammengestellt werden.

Und während die bisherigen Bücher zum Thema vor allem an den archäologischen Zeugnissen orientierte Rekonstruktionen abbilden, wie sie erstmals 1721 der

österreichische Architekt Johann Bernhard Fischer von Erlach bot, schmücken dieses Buch (neben einer Seite aus Philon und der ältesten griechischen sowie einer lateinischen Liste) die fast 150 Jahre älteren, seinerzeit weit verbreiteten »vorwissenschaftlichen« Weltwunderbilder des Maarten van Heemskerck. Vergleicht man einmal unser heutiges Wissen von der Gestalt eines antiken Tempels mit der Barockkirche, als die der Artemis-Tempel von Ephesos hier erscheint (*Taf. V, S. 48/49*), wird deutlich, wie die Idee der Sieben Weltwunder unabhängig vom tatsächlich Sichtbaren lebendig war – wie man sie also, mit Philon zu sprechen, »mit der Seele geschaut hat«.

So möge am Ende der von Philon geleiteten Reise und der Betrachtung der Weltwunderlisten im Wandel der Zeit keine Leserin und kein Leser mehr sagen: »Das wußte ich nicht«.

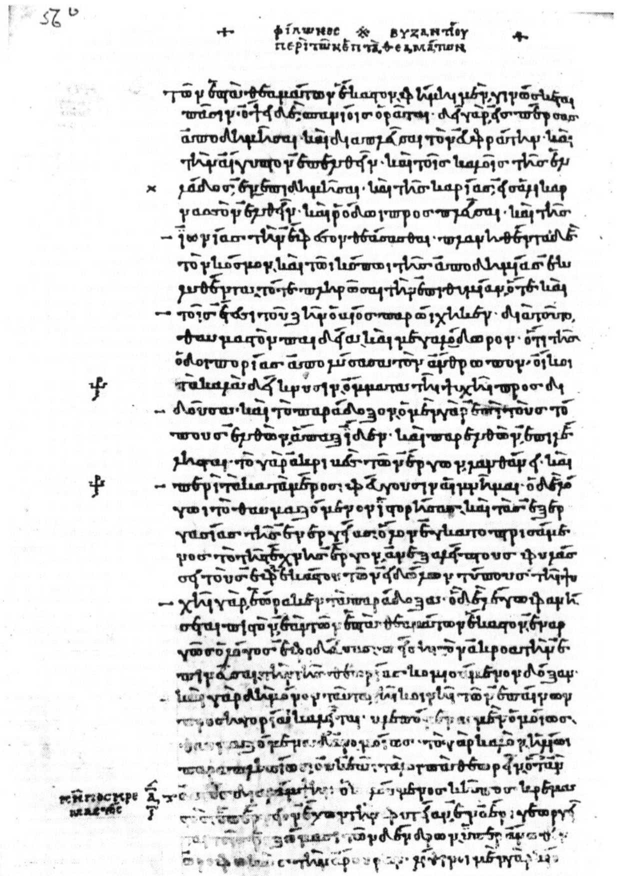

1 *Codex Palatinus graecus 398, fol. 56^v (Philon)*

PHILON VON BYZANZ
REISEFÜHRER
ZU DEN SIEBEN
WELTWUNDERN

DER TEXT UND SEIN SCHICKSAL

Der griechische Ingenieur Philon von Byzanz schrieb um 200 v. Chr. ein großes Werk über Mechanik, das freilich weitgehend verloren ist: Auf griechisch sind nur ein Buch über den Bau von Kriegsmaschinen sowie Auszüge aus den Büchern über Taktik und Rüstung für die Verteidigung bzw. Belagerung einer Stadt erhalten, weitere Reste liegen in einer arabischen Bearbeitung vor. Doch läßt sich an diesen Überresten immerhin erkennen, daß Philons Werk ein sachlich, um nicht zu sagen trocken geschriebenes Fachbuch war, dessen Angaben teilweise so genau sind, daß man die darin beschriebenen Maschinen noch heute nachbauen kann. Dabei schrieb Philon durchaus gutes Griechisch; so mied er das als »Hiat« bezeichnete Zusammentreffen zweier Vokale in der Wortfuge, das als stilistisch unschön galt; ja, Philons Mechanik ist eines der frühesten Beispiele für die sogenannte Literatur-Koiné, also die Sprachform, die seit dem Hellenismus in der ganzen Alten Welt verstanden wurde und in der etwa auch das Neue Testament geschrieben ist.

Unter dem Namen dieses Philon ist auch die Rede über die Sieben Weltwunder erhalten, die im vorliegenden Buch in einer neuen Ausgabe und der ersten vollständigen deutschen Übersetzung vorgestellt wird. War der hellenistische Ingenieur Philon wirklich deren Autor? Die detaillierten Angaben etwa über den Koloß von Rhodos könnten sein technisches Interesse spiegeln, die Tatsache, daß man vom Standpunkt des Verfassers aus

zu allen Sieben Weltwundern reisen muß, würde zu seiner Herkunft aus Byzanz passen, und die Sprachform, die – dem Genre einer Rede angemessen – natürlich nicht so trocken wie ein Fachbuch, sondern eher prunkvoll wirkt, ist zumindest in der Vermeidung des Hiats der des Mechanikers nicht unähnlich.

Doch hat man »die Unnatürlichkeit der ein reines Kunstprodukt darstellenden Sprache, die Fähigkeit, mit vielen Worten wenig zu sagen und geistloses Raisonnement anzubringen«, als Hinweis darauf genommen, daß nicht der hellenistische Ingenieur Philon von Byzanz, sondern ein spätantiker Rhetor der tatsächliche Verfasser des Werkes ist – in der Spätantike ist ja auch das Schwärmen von der »großen Zeit von Hellas« (III 4) geradezu zu erwarten.

Philons Schrift über die Sieben Weltwunder ist nicht im antiken Original erhalten; ja, ihr Text ist überhaupt nur in zwei mittelalterlichen Pergamenthandschriften erhalten, von denen heute der eine Codex, der im 9. Jahrhundert entstand, in der Universitätsbibliothek Heidelberg aufbewahrt wird (*Abb. 1, S. 12*), der andere, fünf Jahrhunderte jüngere, in der (früher dem British Museum zugeordneten) British Library London.

In beiden Handschriften, die ein wahres Sammelsurium antiker Texte bewahren, bricht der Philontext an derselben Stelle mitten in Kapitel VI (Artemistempel von Ephesos) ab, so daß das von Philon im Vorwort zu seinem Werk (Pr 1) angekündigte Kapitel über das Mausoleum von Halikarnaß fehlt: Dieses stand offenbar auf einer Seite, die in der älteren Handschrift bereits im

14.Jahrhundert verloren war, als von ihr die jüngere abgeschrieben wurde. Der Schreiber der jüngeren übernahm dabei nicht nur diese Besonderheit, sondern auch die Fehler der älteren Handschrift (denen er noch eigene hinzufügt); für die Rekonstruktion des antiken Philontexts hat jene deshalb keinen eigenständigen Wert.

Freilich ist auch die ältere Handschrift keine getreue Kopie von Philons verlorenem Original. Vielmehr ist der hier überlieferte Text in mancher Hinsicht durch Fehler verdorben, so daß man die originalen Lesarten mit Hilfe von eigenen Vermutungen (sog. Konjekturen) und durch Ausscheidung von irrig in den Text aufgenommenen Erläuterungen der Abschreiber (sog. Glossen) rekonstruieren muß.

Beide Codices lagen zum Zeitpunkt der Abschrift des jüngeren im 14. Jahrhundert wohl in der byzantinischen Reichshauptstadt Konstantinopel; ihre weitere Geschichte ist schlichtweg abenteuerlich.

Der jüngere kam in das Kloster von Vatopedi auf dem Heiligen Berg Athos, wo ihn ein Reisender 1838 noch intakt vorfand; drei Jahre später entfernte jedoch ein anderer Besucher des Klosters sieben Blätter aus dem Codex, die später die Pariser Bibliothèque Nationale seinen Erben abkaufte, und 1853 trat ein berühmt-berüchtigter Kunsthändler beim British Museum in London auf, der neben diversen Fälschungen auch 21 Original-Blätter anbot, die ebenfalls aus jenem Codex herausgelöst waren. Das Geschäft kam zustande, und so liegt der Teil mit der Abschrift des Philontexts heute in London.

Auch der ältere Codex ist, wie schon erwähnt, nicht

ganz unversehrt erhalten. 1436 erwarb der Bischof von Ragusa (dem heutigen Dubrovnik) die Handschrift bei einem Aufenthalt als Gesandter des Basler Konzils in Konstantinopel; nach dem Tod des Bischofs 1443 erbte sie das Dominikanerkloster in Basel. In den 30er Jahren des 16. Jahrhunderts lieh sich der dortige Verleger Hieronymus Froben einige Codices – darunter unseren – aus dem Kloster aus, um aus ihnen Texte abzudrucken (den Philontext publizierte er nicht); Froben gab aber nicht alle zurück, sondern schenkte 1533 manche dem späteren Kurfürsten der Pfalz in Heidelberg, Otto Heinrich, für seine Bibliotheca Palatina; 35 Jahre später gab der Heidelberger Professor Wilhelm Holtzmann (Xylander) einige Texte aus unserer Handschrift, jedoch wiederum nicht den Philon, in Erstdrucken heraus.

Die Handschriften jener Bibliothek stellten einen solchen Schatz dar, daß sie in der Neuzeit mehrfach den Besitzer wechselten. Kurfürst Maximilian von Bayern schenkte sie nach der Eroberung Heidelbergs durch seinen Feldherrn Tilly im Jahre 1622 Papst Gregor XV. »als ein Beuth zur erzaigung meiner gehorsambisten schuldigen affection«; im Jahr darauf erreichte der päpstliche Beauftragte, der Grieche Leone Allaci (Allatius), auch mit unserer Handschrift Rom, wo sie in die Bibliotheca Vaticana aufgenommen wurde; im Jahr 1640 publizierte Allaci dann auch erstmals den Philontext mit einer lateinischen Übersetzung.

Bereits sieben Jahre zuvor hatte seinen eigenen Angaben zufolge Denis Salvaing de Boissieu, ein Gesandter des französischen Königs Ludwig XIII. an den Nachfolger Gregors XV., Papst Urban VIII., einen Aufenthalt

in Rom zu einer Lesung des Texts genutzt, war aber durch verschiedene Umstände an der Publikation gehindert worden, so daß ihm Allaci zuvorkam. Daß er seine Edition und seine neue lateinische Übersetzung, die er der Allacis gegenüber für überlegen erklärte, allerdings erst 1661, sechs Jahre nach seinem Gedicht über die Sieben Weltwunder der südostfranzösischen Landschaft Dauphiné, erscheinen ließ, hatte einen von ihm sorgsam verschwiegenen Grund: In jenem Jahr war der Bibliothekar der Bibliotheca Vaticana, der gebürtige Hamburger Gustav Holstein (Holstenius), gestorben; und es waren Holsteins um wertvolle Konjekturen bereicherte Abschrift und Übersetzung des Philontexts – sie waren bereits 1632 nach Paris gesandt worden (wo sie heute in der Bibliothèque Nationale liegen) –, die Salvaing de Boissieu nun als sein eigenes Werk publizierte, das freilich durch zahllose Druckfehler entstellt war.

Gegen Ende des 18.Jahrhunderts marschierten die Franzosen in Italien ein; nach seinem Sieg verlangte Napoleon im Friedensschluß zu Tolentino 1797 von Papst Pius VI. die Auslieferung der einst Heidelberger Handschriften. Auf diese Weise kam auch unser Codex im Folgejahr nach Paris. Dort sahen ihn der Hessische Legationsrat in Paris, Friedrich Jakob Bast, der einige Verbesserungen vorschlug, doch die von Salvaing de Boissieu publizierten nicht kannte, und der Zürcher Pfarrer Johann Konrad Orelli, der den Philontext 1816 umfangreich kommentiert neu herausgab. Diese Edition fand weite Verbreitung und ist etwa in dem vielverwendeten Werk über die Schriftquellen zur Archäologie von Johann Overbeck von 1868 zugrunde gelegt, obwohl die

seinerzeit bereits zehn Jahre vorliegende und bisher letzte Ausgabe von Rudolf Hercher einen genaueren Text bietet.

Hercher hatte den Codex in Heidelberg einsehen können, wohin er 1816 zurückgekehrt war: Als nämlich in den Befreiungskriegen die verbündeten Heere Frankreich besetzt hielten, wurde nach Napoleons Niederlage bei Waterloo im Zweiten Pariser Frieden von 1815 die Rückgabe der Heidelberger Handschriften vereinbart. Doch ist auch Herchers Text, den der Editor selbst teilweise im Apparat widerruft, nicht ganz genau, wie eine Überprüfung der Heidelberger Handschrift ergab: IV 5 fehlt sinnentstellenderweise eine Verneinung, überdies ist die Zuweisung der Konjekturen nicht immer korrekt – Hercher wußte nichts von Holsteins Arbeit –, und ohnehin scheint der Text durch einige unnötige Konjekturen belastet, so daß vorliegendes Buch in der 350jährigen Reihe der Ausgaben von Philons Schrift das jüngste Glied darstellt.

EDITION DES GRIECHISCHEN TEXTES

Φίλωνος Βυζαντίου περὶ τῶν ἑπτὰ θεαμάτων

τῶν ἑπτὰ θεαμάτων ἕκαστον φήμη μὲν γινώσκεται πᾶσιν, ὄψει δὲ σπανίοις ὁρᾶται. δεῖ γὰρ εἰς Πέρσας ἀποδημῆσαι καὶ διαπλεῦσαι τὸν Εὐφράτην καὶ τὴν Αἴγυπτον ἐπελθεῖν καὶ τοῖς Ἠλείοις τῆς Ἑλλάδος ἐνεπιδημῆσαι καὶ τῆς Καρίας εἰς Ἁλικαρνασσὸν ἐλθεῖν καὶ Ῥόδῳ προσπλεῦσαι καὶ τῆς Ἰωνίας τὴν Ἔφεσον θεάσασθαι· πλανηθέντα δὲ τὸν κόσμον καὶ τῷ κόπῳ τῆς ἀποδημίας ἐκλυθέντα τότε πληρῶσαι τὴν ἐπιθυμίαν, ὅτε καὶ τοῖς ἔτεσι τοῦ ζῆν ὁ βίος παρῴχηκεν.

διὰ τοῦτο θαυμαστὸν παιδεία καὶ μεγαλόδωρον, ὅτι τῆς ὁδοιπορίας ἀπολύσασα τὸν ἄνθρωπον οἴκοι τὰ καλὰ δείκνυσιν, ὄμματα τῇ ψυχῇ προσδιδοῦσα. καὶ τὸ παράδοξον· ὁ μὲν γὰρ ἐπὶ τοὺς τόπους ἐλθὼν ἅπαξ εἶδεν καὶ παρελθὼν ἐπιλέλησται· τὸ γὰρ ἀκριβὲς τῶν ἔργων λανθάνει καὶ περὶ τὰ κατὰ μέρος φεύγουσιν αἱ μνῆμαι· ὁ δὲ λόγῳ τὸ θαυμαζόμενον ἱστορήσας καὶ τὰς ἐξεργασίας τῆς ἐνεργείας, ὅλον ἐγκατοπτρισάμενος τὸ τῆς τέχνης ἔργον ἀνεξαλείπτους φυλάσσει τοὺς ἐφ' ἑκάστου τῶν εἰδόλων τύπους· τῇ ψυχῇ γὰρ ἑώρακεν τὰ παράδοξα.

ὃ δὲ λέγω φανήσεται πιστόν, ἐὰν τῶν ἑπτὰ θεαμάτων ἕκαστον ἐναργῶς ὁ λόγος ἐφοδεύσας πείσῃ τὸν

ÜBERSETZUNG DES GRIECHISCHEN TEXTES

Philon von Byzanz, Die Sieben Weltwunder

(Pr 1) Von den sieben Weltwundern ist ein jedes allen dem Hörensagen nach bekannt, doch nur wenigen aus eigener Anschauung. Man muß ja auch nach Persien reisen, über den Euphrat setzen, nach Ägypten fahren, sich bei den Eleiern in Griechenland aufhalten, nach Halikarnaß in Karien gehen, Rhodos anfahren und in Ionien Ephesos besichtigen. Und wer so um die Welt herumgeirrt ist und durch die Mühsal der Reise erschöpft ist, wird erst dann das Begehren stillen können, wenn auch seine Lebenszeit durch die Jahre vorübergegangen ist.

(Pr 2) Deshalb ist Bildung etwas Erstaunliches und eine große Gabe, weil sie den Menschen von der Notwendigkeit befreit, sich auf den Weg zu machen, und ihm zu Hause die schönen Dinge zeigt, indem sie seiner Seele Augen gibt. Und das Wundervolle ist: Der eine ist zu den Orten gekommen, hat sie einmal gesehen, ist abgereist und hat sie schon vergessen; die Details der Werke sind nämlich verborgen, und bezüglich der Einzelheiten verflüchtigen sich die Erinnerungen. Der andere jedoch erforscht das Staunenswerte und die jeweilige Qualität seiner Ausführung durch meine Rede, betrachtet das ganze Kunstwerk wie in einem Spiegel und bewahrt so die jeweiligen Merkmale dieser Bilder unauslöschlich; mit der Seele nämlich hat er die Wunder geschaut.

(Pr 3) Was ich sage, wird überzeugend erscheinen, wenn meine Rede deutlich jedes der Sieben Weltwunder

ἀκροατὴν ἐπινεῦσαι τὴν τῆς θεωρίας κομισάμενον δό'ξαν. καὶ γὰρ δὴ μόνον ταῦτα τῇ κοινῇ τῶν ἐπαίνων προσηγορίᾳ καλεῖται βλεπόμενα μὲν ὁμοίως, θαυμαζόμενα δ' ἀνομοίως. τὸ γὰρ καλὸν ἡλίῳ παραπλησίως οὐκ ἐᾷ τὰ λοιπὰ θεωρεῖν, ὅταν αὐτὸς διαλάμψῃ.

α' κῆπος κρημαστός

ὁ καλούμενος κῆπος κρημαστὸς ὑπέργειον ἐχὼν τὴν φυτείαν ἐν ἀέρι γεωργεῖται, τοῖς ῥιζώμασι τῶν δένδρων ὑπεράνωθεν ὠροφωκὼς τὴν ἄρουραν. λίθινοι μὲν γὰρ κίονες ὑφεστήκασιν καὶ κατάγειος πᾶς ὁ τόπος ἐστὶ διὰ στυλογλύφων.

φοίνικες ἰδίᾳ κεῖνται δοκοί, στενὴν παντάπασιν τὴν ἀνάμεσον ἀλλήλων χώραν ἀπολείπουσαι. τὸ δὲ ξύλον τοῦτο μόνον τῶν ἄλλων οὐ σήπεται, βρεχόμενον δὲ καὶ τοῖς βάρεσι θλιβόμενον ἄνω κυρτοῦται τρέφει τε τὰς διαφύσεις τῶν ῥιζῶν ἑαυτῷ προσλαμβανόμενον τοῖς ἰδίοις ἀραιώμασιν τὴν ἔξωθεν σύμφυσιν.

ἐπὶ τούτων πολλὴ καὶ βαθεῖα κατακέχυται γῆ καὶ τὸ λοιπὸν τὰ πλατύφυλλα καὶ μάλιστα κηπευόμενα τῶν δένδρων ἐπιπέφυκε ποικίλαι τε καὶ παντοῖαι φύσεις ἀνθέων καὶ πᾶν ἁπλῶς τὸ κατὰ πρόσωπον ἐπιτερπέστατον καὶ πρὸς ἀπόλαυσιν ἥδιστον. γεωργεῖται δ' ὁ τόπος ὡς ἐπ' ἀρούραις, καὶ τὰς ἐργασίας τῆς μοσχείας κομίζεται τῇ χέρσῳ παραπλησίως· τήν τε ἀρόσιμον

der Reihe nach angeht und dabei den Zuhörer zur Zustimmung bewegt, daß sie ihm den Eindruck eigener Anschauung vermittelt hat. Denn nur das wird allgemeinhin durch Lobpreisungen begrüßt, was man zwar von gleich zu gleich sieht, aber ungleich bestaunt. Das Schöne nämlich läßt es genauso wie die Sonne nicht zu, daß man sonst etwas betrachtet, wenn sie es selbst überstrahlt.

I Der Hängende Garten

(I 1) Der sogenannte Hängende Garten hat den Bewuchs überirdisch und wird so in der Luft bebaut, wobei er mit den Wurzeln der Bäume wie ein Dach von oben den gewachsenen Erdboden überdeckt. Unten sind steinerne Säulen aufgestellt, so daß der ganze Ort durch die Pfeiler unterirdisch ist.

(I 2) Auf den Pfeilern liegen Palmen als Querbalken, jede für sich, und lassen jeweils nur einen ganz engen Zwischenraum. Dieses Holz fault als einziges von allen nicht; befeuchtet und belastet wölbt es sich nach oben, und es nährt die Triebe der Wurzeln, indem es die Wurzelknoten von außerhalb zu sich in seine eigenen Lücken aufnimmt.

(I 3) Auf diese Querbalken ist viel tiefe Erde aufgeschüttet, und schließlich sind breitblättrige und insbesondere Gartenbäume gepflanzt, ebenso vielerlei Blumen aller Art – kurz, alles was zum Anschauen am erfreulichsten und zum Genuß am angenehmsten ist. Bebaut wird der Ort wie der gewachsene Boden, ja er läßt den Anbau von Sprößlingen ähnlich wie festes Land zu.

ὑπὲρ κεφαλῆς εἶναι τῶν ἐπὶ τοῖς ὑποστύλοις περιπατούντων.

πατουμένης δὲ τῆς ἄνωθεν ἐπιφανείας, ὡς ἐπὶ τῶν βαθυγειοτάτων τόπων ἀκίνητος καὶ παρθένος ἡ πρὸς τοῖς ὀροφώμασιν μένει γῆ. αἱ δὲ τῶν ὑδάτων ἀγωγαὶ τὰς πηγὰς ἐξ ὑπερδεξίων ἔχουσαι τόπων τῇ μὲν εὐθύδρομον καὶ κατάντη ποιοῦνται τὴν ῥύσιν, τῇ δ' ἀναθλιβόμεναι κοχλιοειδῶς ἀνατροχάζουσιν, ἀνάγκαις ὀργανικαῖς τὸν ἕλικα τῶν μηχανημάτων περιτροχάζουσαι, εἰς δὲ πυκνὰς καὶ μεγάλας ἐξαιρόμεναι κρήνας ὅλον ἐπάρδουσι τὸν κῆπον μεθύσκουσαι τῶν φυτῶν τὰς κατὰ βάθους ῥίζας καὶ νοτερὰν τηροῦσιν τὴν ἄρουραν, ὅθεν εἰκότως ἀειθαλής ἐστιν ἡ πόα καὶ τὰ πέταλα τῶν δένδρων ἁπαλοῖς τοῖς ἀκρεμόσιν ἐπιπεφυκότα δροσοπαγῆ καὶ διήνεμον ἔχει τὴν φύσιν.

ἄδιψος γὰρ ἡ ῥίζα τηρουμένη τὴν παρατροχάζουσαν τῶν ὑδάτων νοτίαν ἀναθηλάζει καὶ ῥεμβομένη καταγείοις ταῖς δι' ἀλλήλων ἐμπλοκαῖς ὀχόν, καὶ βεβηκυῖαν ἀσφαλῶς τὴν φυὴν τῶν δένδρων συμφυλάσσει. σπάταλον καὶ βασιλικὸν τὸ φιλοτέχνημα καὶ τὸ πλεῖστον βίαιον, τὸν πόνον τῆς γεωργίας ὑπὲρ κεφαλῆς κρεμάσαι τῶν θεωρούντων.

β' αἱ ἐν Μέμφει πυραμίδες

τὰς ἐν Μέμφει πυραμίδες κατασκευάσαι μὲν ἀδύνατον, ἱστορῆσαι δὲ παράδοξον. ὄρη γὰρ ὄρεσιν ἐπιδεδώμηται, καὶ τὰ μεγέθη τῶν τετραπέδων κύβων δυσεπινόητον ἔχει τὴν ἀναγωγήν, ἑκάστου διαπο-

Diese Äcker also liegen über den Häuptern derer, die bei den Tragpfeilern umhergehen.

(I 4) Wenn die Oberfläche von oben betreten wird, bleibt die Erde unten auf den Decken wie bei Orten mit sehr tiefer Erde unbewegt, ja völlig unberührt. Die Zufuhr von Wasser, das Quellen an höher gelegenen Orten schütten, erfolgt teils, indem es in geradem Lauf bergab fließt, teils, indem es, in Spiralen hinaufgedrückt, nach oben läuft; dabei fließt es durch mechanische Kräfte um die Schraubengänge der Maschinen. Es wird in zahlreiche große Bassins ausgeschüttet und bewässert den ganzen Garten, tränkt die Pflanzenwurzeln in der Tiefe und hält das Ackerland feucht, weshalb eben die Wiesen immerblühend und die Baumblätter, die an zarten Zweigen wachsen, taugenährt und windumweht sind.

(I 5) Durstlos nämlich ist die Wurzel, die die anlaufende Feuchtigkeit des Wassers abpaßt und aufsaugt, und die sich mit anderen um das unterirdische Geflecht windet und so den Halt und das sicher steigende Wachstum der Bäume bewahrt. Üppig und königlich ist das kunstvolle Werk und besonders überwältigend darin, daß es die Arbeit des Landbebauens gleichsam über die Häupter der Betrachter aufhängt.

II Die Pyramiden in Memphis

(II 1) Die Pyramiden in Memphis zu errichten scheint unmöglich, sie zu erforschen wundersam. Berge sind nämlich auf Berge gebaut, und die Größe der würfelförmigen Quader macht ihren Aufbau unvorstellbar,

ϱοῦντος τίσι βίαις τὰ τηλικαῦτα βάϱη τῶν ἔϱγων ἐμοχλεύθη.

τετϱαγώνου δὲ τῆς βάσεως ὑφεστώσης οἱ μὲν κατώϱυγες λίθοι τὴν θεμελίωσιν ἔχουσιν ἰσομεγέθη τοῖς ὑπεϱγείοις ὕψεσι τοῦ κατασκευάσματος ἑκάστου, καὶ κατ' ὀλίγον συνάγεται τὸ πᾶν ἔϱγον εἰς πυϱαμίδα καὶ γνώμονος σχῆμα.

καὶ τὸ μὲν ὕψος ἐστὶν πήχεων τϱιακοσίων, ἡ δὲ πεϱίμετϱος σταδίων ἕξ. σύναϱμον δὲ καὶ κατεξεσμένον τὸ πᾶν ἔϱγον, ὥστε δοκεῖν ὅλου τοῦ κατασκευάσματος μίαν εἶναι πέτϱας συμφυίαν. ποικίλαι δὲ {καὶ ποϱφυϱαῖ} λίθων φύσεις ἀλλήλαις ἐπιδεδώμηνται, καὶ τῇ μέν ἐστιν ἡ πέτϱα λευκὴ καὶ μαϱμαϱῖτις, τῇ δὲ Αἰθιοπικὴ καὶ μέλαινα, καὶ μετὰ ταύτην ὁ καλούμενος αἱματίτης λίθος, εἶτα ποικίλος καὶ διάχλωϱος ἀπὸ τῆς Ἀϱαβίας, ὥς φασι, κεκομισμένος.

ἐνίων δ' ὑαλίζουσιν αἱ χϱόαι κυαναυγῆ τὴν φύσιν ἔχουσαι, καὶ μετὰ τούτους ὡσεὶ μηλοβαφές ἐστιν, ἄλλων δὲ ποϱφυϱίζει τὸ χϱῶμα, καὶ τοῖς διὰ τῶν κογχυλίων θαλασσοβαφουμένοις ἐξομοιοῦνται. πϱόσεστι δὲ τῷ μὲν καταπληκτικῷ τὸ τεϱπνόν, τῷ δὲ θαυμαστῷ τὸ φιλότεχνον, τῷ δὲ πλουσίῳ τὸ μεγαλεῖον.

καὶ τὸ μὲν τῆς ἀναβάσεως μέγεθος ὁδοιποϱίας ἔχει κόπον, ἡ δ' ἐπὶ τῆς κοϱυφῆς στάσις σκοτοῖ τὰς ὄψεις τῶν εἰς τὰ βάθη καταθεωϱούντων. τῆς πϱοσόψεως τῇ χάϱιτι τῶν χϱωμάτων τὴν πολυτέλειαν τῆς χοϱηγίας βασιλικός πλοῦτος παϱύφαγκεν. καυχάσθω τύχη πισ-

da niemand zu fassen vermag, mit welchen Kräften die so schweren Werkstücke hochgewuchtet werden konnten.

(II 2) Von der quadratischen Basis, die zugrunde liegt, haben die unterirdischen Steine als Fundament die gleiche Größe wie die oberirdischen Höhen jeder Anlage, und allmählich verjüngt sich das ganze Werk zu einer Pyramide und zur Figur eines Winkelmaßes.

(II 3) Die Höhe beträgt dabei dreihundert Ellen, der Umfang (der Basis) sechs Stadien (= 2400 Ellen, also 2 × 300 Ellen pro Seitenlinie). Das ganze Bauwerk ist so zusammengefügt und geglättet, daß es scheint, als bestehe es aus einem einzigen zusammengewachsenen Fels. Verschiedene {und purpurne} Arten von Stein sind aufeinander gebaut, und einerseits ist der Fels weißer Marmor, andererseits schwarzer Stein aus Aithiopien, ferner der sogenannte Hämatit, dann ein bunter und grünschimmernder Stein, der, wie es heißt, aus Arabien gebracht wird.

(II 4) Von einigen sind die Farben, die eine dunkelschimmernde Natur haben, glasgrün, und nach diesen gibt es eine Färbung, die gleichsam apfelfarben ist, von anderen wiederum eine, die purpurn scheint; sie gleichen damit jenen, die durch die (Purpur-)Schnecken meeresgefärbt sind. Zum Überraschenden kommt also das Erfreuliche, zum Wunderbaren das Kunstvolle, zum Reichen das Großartige.

(II 5) Der lange Aufstieg macht die Mühe einer ganzen Reise; steht man auf dem Gipfel, wird einem dunkel vor Augen, wenn man in die Tiefe hinabschaut. Mit der Anmut des Anblicks der Farben hat der königliche Reichtum die Vielfalt der Ausstattung verwoben. Gepriesen

τεύουσα ταῖς ἐξυπηρετουμέναις δαπαναῖς καὶ τῶν ἄστρων ἐφάψασθαι. ἢ γὰρ ἄνθρωποι διὰ τῶν τοιούτων ἔργων ἀναβαίνουσι πρὸς θεούς, ἢ θεοὶ καταβαίνουσι πρὸς ἀνθρώπους.

γ' Ζεὺς Ὀλύμπιος

Διὸς Κρόνος μὲν ἐν οὐρανῷ, Φειδίας δ' ἐν Ἤλιδι πατήρ ἐστιν· ὃν μὲν γὰρ ἀθάνατος φύσις ἐγέννησεν, ὃν δὲ Φειδίου χεῖρες μόναι δυνάμεναι θεοὺς τίκτειν. μακάριος ὁ καὶ θεασάμενος τὸν βασιλέα τοῦ κόσμου μόνος καὶ δεῖξαι δυνηθεὶς ἄλλοις τὸν κεραυνοῦχον.

εἰ δ' αἰσχύνεται Ζεὺς Φειδίου καλεῖσθαι, τῆς μὲν εἰκόνος αὐτοῦ γέγονεν ἡ τέχνη μήτηρ. διὰ τοῦθ' ἡ φύσις ἤνεγκεν ἐλέφαντας, ἵνα Φειδίας τεμὼν τοὺς τῶν θηρίων ὀδόντας χορηγήσῃ {καὶ} τὴν εἰς τὸ κατασκευαζόμενον ὕλην {ἀγέλαις ἐλεφάντων ἡ Λιβύη δαψιλεύσεται}.

τοιγαροῦν τὰ μὲν ἄλλα τῶν ἑπτὰ θεαμάτων θαυμάζομεν μόνον, τοῦτο δὲ καὶ προσκυνοῦμεν· ὡς μὲν γὰρ ἔργον τέχνης παράδοξον, ὡς δὲ μίμημα Διὸς ὅσιον. ἔχει τοίνυν ὁ μὲν πόνος ἔπαινον, ἡ δ' ἀθανασία τιμήν.

ὢ καιρὲ τῆς Ἑλλάδος, καὶ πλουτήσας εἰς θεῶν κόσμον ὁπόσον οὐδεὶς ὕστερον ἐπλούτησεν, καὶ τεχνίτην ἔχων δημιουργὸν ἀθανασίας ὁπηλίκον ὁ μεταγενέστερος βίος οὐκ ἐνήνοχεν, καὶ δεῖξαι δυνηθεὶς ἀνθρώ-

sei das Glück, das glaubt, durch solche außerordentliche Aufwendungen selbst die Sterne zu berühren, denn entweder steigen die Menschen durch solche Werke zu den Göttern empor oder die Götter zu den Menschen herab.

III Zeus von Olympia

(III 1) Des Zeus Vater ist im Himmel Kronos, in Elis jedoch Pheidias; ersteren Zeus hat die unsterbliche Natur hervorgebracht, letzteren die Hände des Pheidias, die allein Götter zu schaffen vermögen – der glückliche, der selbst als einziger den König der Welt gesehen hat und dann anderen diesen Herrn des Donners zu zeigen vermag.

(III 2) Man mag sich scheuen, von Zeus als Sohn des Pheidias zu sprechen, doch ist jedenfalls die Mutter seines Bildes die Kunst geworden. Deshalb nämlich brachte die Natur Elefanten hervor, daß Pheidias die Zähne der Tiere abschneiden und so auch das Material für die Verfertigung bereitstellen konnte. {An Elefantenherden wird Afrika immer einen Überfluß haben.}

(III 3) Daher also bestaunen wir die anderen der Sieben Weltwunder nur, dieses aber beten wir sogar an: als Werk der Kunst ist es wundervoll, als Abbild des Zeus heilig. So findet die Arbeit ihren Lobpreis, die Unsterblichkeit ihre Verehrung.

(III 4) O große Zeit von Hellas, die du reich warst an Schmuck für die Götter wie keine mehr später, die du einen Künstler als Schöpfer der Unsterblichkeit hattest, wie ihn das spätere Leben nicht mehr hervorgebracht

ποις θεῶν ὄψεις, ἃς ὁ μὲν παρὰ σοὶ θεασάμενος παρ' ἄλλοις ἰδεῖν οὐκ ἂν δυνηθείη. καὶ γὰρ δὴ τὸν μὲν Ὄλυμπον πολὺν χρόνον Φειδίας νενίκηκεν, τοσοῦτον ὅσον ὑπονοίας μὲν ἐνάργεια, ἱστορίας δὲ γνῶσις, ὄψις δ' ἀκοῆς ἐστιν βελτίων.

δ' ὁ ἐν Ῥόδῳ κολοσσός

Ῥόδος ἐστὶ πελαγία νῆσος, ἣν τὸ παλαιὸν ἐν βυθῷ κρυπτομένην Ἥλιος ἀνέδειξεν αἰτησάμενος παρὰ θεῶν ἰδίαν γενέσθαι τὴν ἀναφανεῖσαν. ἐν ταύτῃ κολοσσὸς ἔστη πήχεων ἑβδομήκοντα διεσκευασμένος εἰς Ἥλιον· ἡ γὰρ εἰκὼν τοῦ θεοῦ συμβόλοις ἐγινώσκετο τοῖς ἐξ ἐκείνου. τοσοῦτον δ' ὁ τεχνίτης ἐδαπάνησεν χαλκόν, ὅσος σπανίζειν ἤμελλεν τὰ μέταλλα· τὸ γὰρ χώνευμα τοῦ κατασκευάσματος ἐγένετο χαλκούργημα τοῦ κόσμου.

μήποτε δὲ διὰ τοῦτο ὁ Ζεὺς Ῥοδίοις θεσπέσιον κατέχευε πλοῦτον, ἵνα τοῦτον εἰς τὴν Ἡλίου δαπανήσωσι τιμήν, τὴν εἰκόνα τοῦ θεοῦ ταῖς ἐπιβολαῖς ἀπὸ γῆς εἰς τὸν οὐρανὸν ἀναβιβάζοντες; τοῦτον ὁ τεχνίτης ἔσωθεν μὲν σχεδίαις σιδηραῖς καὶ τετραπέδοις διησφαλίσατο λίθοις, ὧν οἱ διάπηγες μοχλοὶ κυκλώπιον ἐμφαίνουσι ῥαιστηροκοπίαν, καὶ τὸ κεκρυμμένον τοῦ πόνου τῶν βλεπομένων μεῖζόν ἐστιν· ἐπαπορεῖ γὰρ ὁ θαυμαστὴς τῶν θεωρούντων ποίαις πυράγραις ἢ πηλίκαις ὑποστάσεσιν ἀκμόνων ἢ ποταπαῖς ὑπηρετῶν ῥώμαις τὰ τηλικαῦτα βάρη τῶν ὀβελίσκων ἐχαλκεύθη.

hat, und die du den Menschen Abbilder der Götter zu zeigen vermochtest, wie sie keiner, der sie bei dir gesehen hat, bei anderen hätte sehen können. Ja, den Olymp hat Pheidias längst übertroffen, um so viel, wie die Klarheit besser als die Vermutung, die Erforschung als der bloße Verdacht, die Anschauung als das Hörensagen ist.

IV Der Koloß in Rhodos

(IV 1) Rhodos ist eine Insel im Meer; einst war sie in der Tiefe verborgen, dann brachte Helios sie ans Licht, wobei er die so Erschienene sich von den Göttern als Eigentum erbat. Auf ihr stand ein Koloß von siebzig Ellen, gestaltet nach Helios: Das Bild des Gottes nämlich ließ sich an seinen Attributen erkennen. So viel Bronze verwendete der Künstler, daß die Erzgruben am Versiegen waren, ja die Anfertigung des Werkes brauchte Bronze aus der ganzen Welt.

(IV 2) Hat nicht deshalb Zeus den Rhodiern gewaltigen Reichtum gegeben, damit sie ihn zur Ehre des Helios aufwenden, indem sie das Bild des Gottes Schicht für Schicht von der Erde in den Himmel hinaufführen? Dieses also sicherte der Künstler nach innen mit eisernen Rahmen und mit würfelförmigen Steinen, deren Querverklammerungen eine kyklopische Hammerbearbeitung aufweisen. Der verborgene Teil der Arbeit ist großartiger als der sichtbare, und der staunende Betrachter fragt sich, mit wie gearteten Feuerzangen, wie großen Ambossen oder wie viel Arbeitskraft die so schweren Stangen bearbeitet wurden.

ὑποθεὶς δὲ βάσιν ἐκ λευκῆς καὶ μαρμαρίτιδος πέτρας ἐπ' αὐτῆς μέχρι τῶν ἀστραγάλων πρώτους ἤρεισε τοὺς πόδας τοῦ κολοσσοῦ, νοῶν τὴν συμμετρίαν ἐφ' ὧν ἤμελλε θεὸς ἑβδομηκοντάπηχυς ἐγείρεσθαι· τὸ γὰρ ἴχνος τῆς βάσεως ἤδη τοὺς ἄλλους ἀνδριάντας ὑπερέκυπτεν. τοιγαροῦν οὐκ ἐνῆν ἐπιθεῖναι βαστάσαντα τὸ λοιπόν· ἐπιχωνεύειν δ' ἔδει τὰ σφυρά, καὶ καθάπερ ἐπὶ τῶν οἰκοδομουμένων ἀναβῆναι τὸ πᾶν ἔργον ἐπ' αὐτοῦ.

καὶ διὰ τοῦτο τοὺς μὲν ἄλλους ἀνδριάντας οἱ τεχνῖται πλάσσουσι πρῶτον, εἶτα κατὰ μέλη διελόντες χωνεύουσιν καὶ τέλος ὅλους συνθέντες ἔστησαν· οὗτος δὲ τῷ πρώτῳ χωνεύματι τὸ δεύτερον μέρος ἐπιπέπλασται, καὶ τούτῳ χαλκουργηθέντι τὸ τρίτον ἐπιδεδώμηται. καὶ τὸ μετὰ τοῦτο πάλιν τὴν αὐτὴν τῆς ἐργασίας ἔσχηκεν ἐπίνοιαν· οὐ γὰρ ἐνῆν τὰ μέλη τῶν μετάλλων κινῆσαι.

τῆς χωνείας δὲ γενομένης ἐπὶ τῶν προτετελεσμένων ἔργων αἵ τε διαιρέσεις τῶν μοχλῶν καὶ τὸ πῆγμα τῆς σχεδίας ἐτηρεῖτο καὶ τῶν ἐντιθεμένων πετρῶν ἠσφαλίζετο τὸ σήκωμα, ἵνα διὰ τῆς ἐργασίας τηρήσῃ τὴν ἐπίνοιαν ἀσάλευτον, ἀεὶ τοῖς οὔπω συντελεσθεῖσιν μέλεσι τοῦ κολοσσοῦ χοῦν γῆς ἄπλατον περιχέων, κρύπτων τὸ πεπονημένον ἤδη, κατάγειον τὴν τῶν ἐχομένων ἐπίπεδον ἐποιεῖτο χωνείαν.

ἐκ δὲ τοῦ κατ' ὀλίγον ἀναβὰς ἐπὶ τὸ τέρμα τῆς ἐλπίδος καὶ πεντακόσια μὲν χαλκοῦ τάλαντα δαπανήσας, τριακόσια δὲ σιδήρου τῷ θεῷ τὸν θεὸν ἴσον ἐποίησεν,

(IV 3) Der Künstler legte eine Basis aus weißem Marmor zugrunde und errichtete auf ihr die Füße des Kolosses bis zu den Sprungbeinen; dabei beachtete er die Maßverhältnisse, nach denen der Gott siebzig Ellen hoch werden sollte: die Fußsohle auf der Basis übertraf bereits die (Höhe von) anderen Statuen. Daher also war es nicht möglich, das Übrige anzuheben und darauf zu stellen; man mußte vielmehr die Knöchel oben aufgießen und so das ganze Werk wie beim Hausbau darauf errichten.

(IV 4) Und während sonst die Künstler Statuen vorweg formen, dann in Glieder zerlegt gießen und schließlich zusammengefügt aufstellen, hat dieser nach dem ersten Guß den zweiten Teil darauf geformt; nach dessen Bearbeitung wurde der dritte auf ihn gebaut. Und danach verfolgte er immer wieder denselben Plan der Ausführung: es war ja nicht möglich, die Metallglieder zu transportieren.

(IV 5) Wenn der Guß auf den zuvor vollendeten Arbeiten geschehen war, untersuchte man die Abstände der Verklammerungen und das Gestell des Rahmens und sicherte die schweren Felssteine; damit während der Ausführung der Plan unerschüttert bewahrt bleibe, schichtete man jeweils rings um die noch unvollendeten Teile des Kolosses eine riesige Menge von Erdaushub, womit man das bereits Fertiggestellte unterirdisch verbarg und den Guß der nächsten Stücke gleichsam auf ebener Erde durchführen konnte.

(IV 6) So erreichte der Künstler allmählich den Höhepunkt seiner Hoffnungen, und mit einem Aufwand von fünfhundert Talenten Bronze und dreihundert Talenten Eisen schuf er den Gott dem Gotte gleich, womit er

μέγα τῇ τόλμῃ βαστάσας ἔργον· Ἥλιον γὰρ δεύτερον ἀντέθηκεν τῷ κόσμῳ.

ε' τείχη Βαβυλῶνος

Σεμίραμις ἐς βασιλικὴν ἐπλούτησεν ἐπίνοιαν. τοιγαροῦν ἀπέθανεν θεάματος θησαυρὸν ἀπολείπουσα. Βαβυλῶνα γὰρ ἐτείχισεν τριακοσίων ἑξήκοντα σταδίων βαλλομένη θεμελίωσιν, ὥστε τὴν περίμετρον τῆς πόλεως ἡμεροδρόμου κόπον ἔχειν. ἔστι δ' οὐκ ἐν τῷ μεγέθει μόνον τὸ θαυμαστόν, ἀλλὰ καὶ περὶ τὴν ἀσφάλειαν τῆς οἰκοδομίας καὶ περὶ τὰ πλάτη τῶν μέσων τόπων· ὀπτῇ γὰρ πλίνθῳ {ἀσφάλτῳ} δεδώμηται.

καὶ τὸ μὲν ὕψος ἐστὶ τοῦ τείχους πλέον ἢ πεντήκοντα πήχεων, τὰ δὲ πλάτη τῶν παραδρομίδων ἅρματα τέτρωρα τέσσαρα κατὰ τὸν αὐτὸν καιρὸν διιππεύει. πολύστατοι δὲ καὶ συνεχεῖς οἱ πύργοι δέξασθαι τοῖς χωρήμασι δυνάμενοι στρατοπέδου πλῆθος. τοιγαροῦν ἡ πόλις ἐστὶν τῆς Περσίδος προτείχισμα καὶ λέληθεν ἐν αὐτῇ τὴν οἰκουμένην κατακεκλεικυῖα·

τοσαῦται μυριάδες ἀνθρώπων τὸν ὅλον αὐτῆς κύκλον κατοικοῦσιν. τηλικαύτην δὲ δυσκόλως ἄλλῃ χώραν γεωργοῦσιν, τηλικαύτην Βαβυλὼν οἰκουμένην ἔχει, καὶ παρὰ μόνοις ἐκείνοις ἐντὸς τοῦ τείχους ἀποδημοῦσιν κατοικοῦντες.

kühn ein großes Werk errichtet hat: Einen zweiten Helios hat er der Welt gegenübergestellt.

V Mauern von Babylon

(V 1) Semiramis hatte außer ihrem königlichen Sinn auch Reichtum. Daher also hinterließ sie, als sie starb, einen Schatz von Weltwunder: Sie hatte Babylon ummauert, wofür sie ein Fundament von dreihundertsechzig Stadien Länge legte, so daß eine Umwanderung der Stadt einen mühsamen Tagesmarsch erfordert. Doch nicht allein in der Größe besteht das Erstaunliche, sondern auch in der Sicherheit der Bauweise und im Ausmaß des Gebiets im Inneren; die Mauer ist nämlich aus gebranntem Ziegel {Asphalt} errichtet.

(V 2) Die Höhe der Mauer beträgt mehr als fünfzig Ellen, die Breite der Wehrgänge läßt vier vierspännige Wagen zur selben Zeit verkehren. Dicht stehend und zusammenhängend sind die Türme, die auf ihren Ebenen ein ganzes Heer aufnehmen können. Daher also ist die Stadt das Bollwerk der Persis und hat gleichsam in sich die ganze bewohnte Welt eingeschlossen:

(V 3) So viele Zehntausende von Menschen wohnen in ihrem ganzen Mauerring. Wieviel Land man anderswo mühsam landwirtschaftlich bebaut, so viel hat Babylon an bewohntem Gebiet, ja nur dort können die Bewohner innerhalb der Mauer auf Reisen gehen.

ϛʹ ὁ ἐν Ἐφέσῳ ναὸς τῆς Ἀρτέμιδος

ὁ τῆς Ἀρτέμιδος ναὸς ἐν Ἐφέσῳ μόνος ἐστὶν θεῶν οἶκος. πεισθήσεται γὰρ ὁ θεασάμενος τὸν τόπον ἐνηλλάχθαι καὶ τὸν οὐράνιον τῆς ἀθανασίας κόσμον ἐπὶ γῆς ἀπηρεῖσθαι. γίγαντες γὰρ ἢ τῶν Ἀλωέως παίδων, οἳ τὴν εἰς οὐρανὸν ἀνάβασιν εἰργάσαντο, προσετύγχανον ὄρεσι χωννύοντες τὸν οὐ ναὸν ἀλλ' Ὄλυμπον· ὥστε τῆς μὲν ἐπιβολῆς τολμηρότερον εἶναι τὸν πόνον, τοῦ πόνου δὲ τὴν τέχνην.

τὸ γὰρ ἔδαφος τῆς ὑποκειμένης γῆς λύσας ὁ τεχνίτης καὶ τὰ βάθη τῶν ὀρυγμάτων καταβιβάσας εἰς ἄπειρον ἐβάλετο τὴν κατώρυγα θεμελίωσιν, ὀρῶν λατομίας δαπανήσας εἰς τὰ κατὰ γῆν καλυπτόμενα τῶν ἔργων· ἐρείσας δὲ τὴν ἀσφάλειαν ἀσάλευτον καὶ προϋποθεὶς τὸν ἄτλαντα τοῖς βάρεσι τῶν μελλόντων ἐπαπερείδεσθαι πρῶτον μὲν ἔξωθεν ἐβάλετο κρηπῖδα δεκάβαθμον διεγείρων πρὸς βάσιν μετεωροφανὲς καὶ περὶ ...

VI Der Tempel der Artemis in Ephesos

(VI 1) Der Tempel der Artemis in Ephesos ist das einzige Götterhaus (unter den Weltwundern). Wer ihn betrachtet, wird überzeugt sein, daß der Ort vertauscht ist und der himmlische Schmuck der Unsterblichkeit auf die Erde geleitet worden ist. Auch die Giganten oder die Aloaden, die den Himmel stürmen wollten, suchten Berge auftürmend doch nicht den Tempel, sondern (nur) den Olymp zu erreichen. Kühner als deren Plan ist somit diese Arbeit, als die Arbeit aber die Kunst.

(VI 2) Der Künstler nämlich lockerte das darunter liegende Erdreich und führte so die Ausschachtungen in unermeßliche Tiefen hinab; dort setzte er dann das Fundament aus behauenem Stein, wobei er ganze Steinbrüche in den Bergen für das unter der Erde Verborgene seiner Werke aufbrauchte. So festigte er den unerschütterlichen Halt, stellte dann zunächst den Atlas (eine Stütze) auf, um die schweren nächsten Bauteile abzustützen, und setzte sodann zunächst von außen einen Sockel mit zehn Stufen, den er als nur oben sichtbare Basis errichtete, und um …

TAFELN

Maarten van Heemskerck, »Die Weltwunder« (1572)
Acht Kupferstiche von Philips Galle

PIR

ÆGYPTI.

PHAROS

OLYMPY IOVIS
SIMVLACHRVM.

CoL

OLIS.

DIANA

ESIÆ TEMPLVM

MAVSOLÆVM.

BABYLONIS MV
Sepulchrum Semiramidis
1572

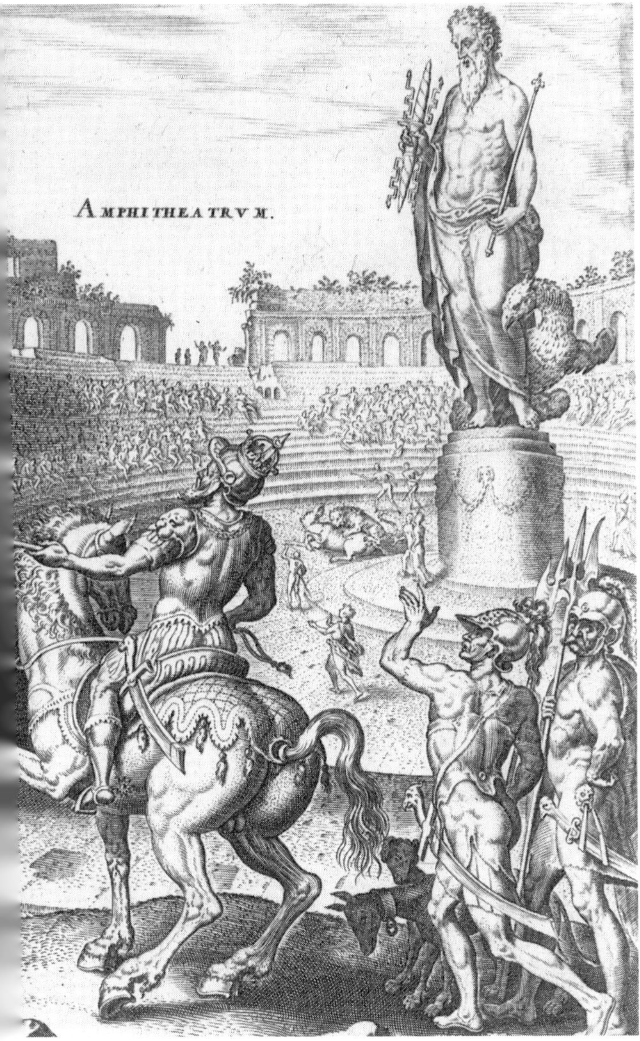
AMPHITHEATRVM.

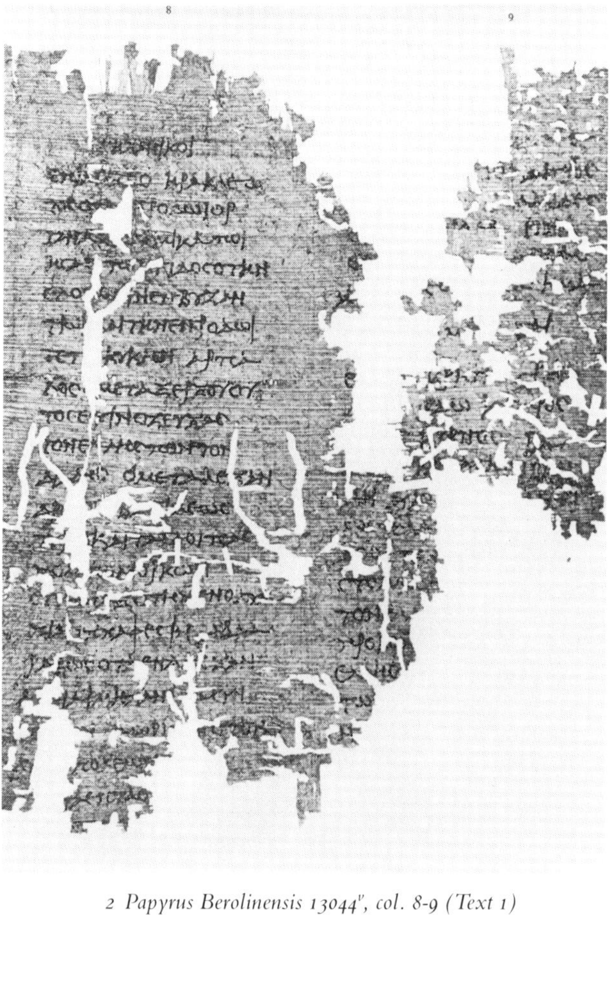

2 Papyrus Berolinensis 13044ᵛ, col. 8-9 (Text 1)

DIE WELTWUNDERLISTEN

DIE WELTWUNDERLISTEN IM WANDEL DER ZEIT

Ein achtes Weltwunder hatte Alexander der Große geplant, als er am Abend des 10. Juni 323 v. Chr. in Babylon nicht einmal 33jährig starb. Er wollte – was bald von seinen Nachfolgern als »übergroß und zu schwierig« verworfen wurde – einen Grabbau für seinen Vater Philipp von Makedonien errichten lassen, »einer Pyramide ähnlich, und zwar der einen größten in Ägypten, die man zu den sieben größten Werken zählt« (Diodoros 18,4,5).

Hier begegnet uns zum ersten Mal die Idee der »sieben größten Werke«, die man seit dem 1. Jahrhundert v. Chr. (s.u.) als die »Sieben Weltwunder« bezeichnet – und tatsächlich liegen alle ›alten‹ Weltwunder, über die wir im folgenden mehr erfahren, in dem Bereich, der Alexander dem Großen im Laufe seiner kurzen Herrschaft unterstand. Doch können wir nicht sicher sein, ob sich der Zusatz über die »sieben größten Werke« bereits in Alexanders Plänen fand oder aber eine Hinzufügung des drei Jahrhunderte später lebenden Autors ist, dem wir diese Information verdanken: Der sizilianische Geschichtsschreiber *Diodoros* nennt die Pyramiden nämlich auch an anderer Stelle (1,63,2) »unter den sieben berühmtesten Werken«. Zu diesen rechnet er übrigens auch (2,11,5) einen von Semiramis gestifteten Obelisken in Babylon (der sonst nicht mehr als Weltwunder erwähnt wird), während er zuvor die Hängenden Gärten beschreibt, ohne sie als eines der Sieben Weltwunder zu

bezeichnen (2, 10, 1 ff.); eine Aufzählung aller Sieben Weltwunder bietet Diodoros nicht.

So bleibt die älteste, wenn auch unvollständig erhaltene Liste der Sieben Weltwunder ein heute in der Papyrus-Sammlung in Berlin bewahrtes Papyrusfragment, das man bei der Auflösung der Kartonage eines Mumiensargs aus dem ägyptischen Ort Abusir-el-Melek fand und das, wie die Schriftform nahelegt, im 2. Jahrhundert v. Chr. beschrieben wurde. Es enthält Listen der bedeutendsten Gesetzgeber, Maler, Bildhauer, Bronzegießer, Architekten und Ingenieure, eine Liste der »Sieben Schaustücke« und weitere der größten Inseln, Berge und Flüsse sowie der schönsten Quellen und Seen. Der Papyrus, dem der Erstherausgeber den Namen *Laterculi Alexandrini* gegeben hat, ist nur in Bruchstücken erhalten, doch läßt sich jedenfalls erkennen, daß außer den Pyramiden auch der Artemis-Tempel von Ephesos und das Mausoleum von Halikarnaß unter den »Sieben Schaustücken«, den sieben ›sights‹ genannt waren – und daß bereits in dieser Zusammenstellung eine Verbindung zwischen Kunst, Technik und Weltwundern geknüpft war (*Text 1; Abb. 2, S. 56*). Daß sich so mancher zum ›sight-seeing‹ aufmachte, ist in der hellenistischen Zeit nur zu wahrscheinlich, denn Reisen waren nun besser möglich als je zuvor. Für einen solchen frühen Touristen, der die Zeus-Statue in Olympia besichtigen wollte, schrieb schon im 3. Jahrhundert v. Chr. der griechische Poet *Kallimachos* ein Geleitgedicht (Frg. 196 P), das durch einen Papyrusrest fragmentarisch bewahrt ist und das recht technische Angaben wie die Maße der Statue in Gedichtform brachte. Von Kallimachos, der außerdem

noch zwei weitere später zu den Weltwundern gerechnete ›sights‹ erwähnt – in seinem Hymnos auf Apollon den Hörner-Altar von Delos (2, 58 ff.) und in dem auf Artemis (3, 249 f.) den Tempel dieser Göttin in Ephesos –, stammt übrigens auch eine Zusammenstellung der »Wunder auf der ganzen Erde« (Frg. 407 ff. P), die aber nach Ausweis der Fragmente nicht die Sieben Weltwunder behandelte.

Die erste vollständige Liste der Sieben Weltwunder, allerdings ohne einen diesbezüglichen Titel, ist in einer Gedichtsammlung erhalten, die uns – ebenso wie Philon (*s. Abb. 1, S. 12*) – in einer Handschrift der Bibliotheca Palatina überliefert ist und die deshalb als Anthologia Palatina bezeichnet wird: Einem Antipatros – gewöhnlich nimmt man als Verfasser den *Antipatros von Sidon* aus dem späten 2. Jahrhundert v. Chr. an – wird hier ein Epigramm zugeschrieben, das die Mauern von Babylon, die Zeus-Statue von Olympia, die Hängenden Gärten, den Koloß von Rhodos, die Pyramiden und das Mausoleum von Halikarnaß aufzählt und den Artemis-Tempel von Ephesos als bedeutendstes Werk feiert (*Text 2*).

Den Begriff ›Weltwunder‹ hat – soweit wir erkennen können – der römische Gelehrte *Marcus Terentius Varro* (116-27 v. Chr.) eingeführt, der in einem weitgehend verlorenen Werk von den »septem opera in orbe terrae miranda« sprach (Gellius 3, 10, 16), also den »sieben Werken, die auf der Welt zu bewundern sind«.

Die Idee der Sieben Weltwunder fand bald weite Verbreitung: Der Vergänglichkeit der Pyramiden, der

Zeus-Statue von Olympia und des Mausoleums von Halikarnaß stellt der römische Dichter *Sextus Propertius* in der 2. Hälfte des 1. Jahrhunderts v. Chr. den ewigen Ruhm seines Werkes gegenüber (*Text 3*). Ein jüngerer Zeitgenosse, der römische Architekt *Vitruvius*, erwähnt in seinem dem Augustus gewidmeten Werk das Mausoleum als eines der »septem spectacula«, der sieben Schaustücke (2, 8, 11; 7 pr. 13), ebenso *Valerius Maximus* in seinem rhetorischen Handbuch, das Augustus' Nachfolger Tiberius zugeeignet ist (6, 4, ext. 1: »septem miracula«). Das Mausoleum zählt auch der griechische Geograph *Strabon* (63 v. - 15 n. Chr.) zu den »Sieben Schaustücken« (14 p. 656), außerdem den Koloß von Rhodos (14 p. 652), die Mauern von Babylon und die Hängenden Gärten (16 p. 738) sowie die Pyramiden (17 p. 808); auch die Zeus-Statue von Olympia (8 p. 353 f) und den Artemis-Tempel von Ephesos (14 p. 640 f) beschreibt er, allerdings ohne einen Hinweis auf ihre Weltwundereigenschaft. Strabons römischer Kollege, der Geograph *Pomponius Mela*, rechnet in der Mitte des 1. Jahrhunderts n. Chr. ebenfalls das Mausoleum zu den »septem miracula« (1, 16, 85). Und wie Propertius geht auch der römische Philosoph *Lucius Annaeus Seneca d. J.* (4-65 n. Chr.) auf deren Vergänglichkeit ein, doch nicht um seinen Nachruhm zu preisen, sondern um in seiner Trostschrift an Polybios die Vergänglichkeit alles Irdischen aufzuzeigen (dial. 11, 1).

Daß die Idee der Sieben Weltwunder nicht nur in Gelehrten- und Dichterkreisen bekannt war, können wir einer *Inschrift* (CIL IV 1111) entnehmen, die an der Wand des beim Ausbruch des Vesuv 79 n. Chr. verschütteten

Amphitheaters von Pompeji aufgemalt war; hier schreibt der Fan eines erfolgreichen Gladiators: »In allen Kämpfen hast du gesiegt; das ist eines der Sieben Weltwunder!«.

Die Zahl der Sieben Weltwunder stand fest, nicht aber, was man zu ihnen zählen könne. Der bei der Beobachtung desselben Vesuvausbruchs umgekommene römische Gelehrte *Gaius Plinius Secundus* d.Ä. bietet im 36. Buch seiner enzyklopädischen ›Naturgeschichte‹, das den Steinen gewidmet ist, eine lange Abschweifung über die Pyramiden, den Pharos (Leuchtturm) von Alexandria, das Labyrinth, die Hängenden Gärten sowie die Stadt Theben in Ägypten, den Artemis-Tempel von Ephesos, den Tempel von Kyzikos und als alles übertreffendes Wunder die Stadt Rom (*Text 4*); an anderer Stelle (36, 30) rechnet er das Mausoleum zu den »septem miracula«.

Die Siebenzahl füllte der römische Dichter *Marcus Valerius Martialis* aus Bilbilis in Spanien anders, wenn er zur Verherrlichung des ein Jahr nach dem Vesuvausbruch eröffneten flavischen Amphitheaters von Rom die Pyramiden, Babylon (also wohl die Mauern und die Hängenden Gärten), den Artemis-Tempel und das Mausoleum nennt, außerdem den (schon von Kallimachos erwähnten) Hörner-Altar von Delos anführt, den auch sein Zeitgenosse *Plutarchos* (mor. 983e) zu den »Sieben Schaustücken« zählt, und eben das Amphitheater feiert, das wir als das Colosseum kennen (*Text 5*). Noch andere Weltwunder nennt im 2. Jahrhundert n. Chr. *Quintus Curtius Rufus*, der in seiner Geschichte Alexanders des

Großen (5,1,24ff) die Euphratbrücke von Babylon zu den »Wundern des Orients« zählt und die Burg der Stadt als »in griechischen Erzählungen gefeiertes Wunder« bezeichnet, während bei seinem Zeitgenossen *Aulus Gellius* (10,8,4) wieder das Mausoleum unter den »septem omnium terrarum spectacula« erscheint, den Sieben Schaustücken aller Länder.

In einer wieder anderen Siebener-Liste, die uns seit dem 2. Jahrhundert mehrfach überliefert ist, weichen die Hängenden Gärten dem Palast des Perserkönigs Kyros in Ekbatana; in ihr finden wir außerdem in folgender Reihung sechs ›alte Bekannte‹: den Artemis-Tempel von Ephesos, das Mausoleum von Halikarnaß, den Koloß von Rhodos, die Zeus-Statue von Olympia, die Mauern von Babylon und die Pyramiden. In etwas unterschiedlicher Formulierung steht diese Liste in einem zu jener Zeit entstandenen mythologischen Handbuch, das unter dem Namen des *Gaius Iulius Hyginus* überliefert ist (*Text 6*), in dem spätantiken Schulbuch des *Lucius Ampelius*, wo sie als Glosse (s. S. 16) in eine umfangreichere Liste von »Wundern auf der Erde« eingedrungen ist (*Text 7*), in einem Schreiben des Staatsmanns *Flavius Magnus Aurelius Cassiodorus* im 6. Jahrhundert n. Chr., der – wie Plinius – als alle übertreffendes Weltwunder die Stadt Rom nennt (*Text 11*), und noch in den anonymen *Septem Mira* einer lateinischen Handschrift aus der Mitte des 9. Jahrhunderts (*Text 18; Abb. 3, S. 64*).

Die in diesen Zusammenstellungen durch den Kyros-Palast ersetzten Hängenden Gärten sind in den Septem Mira am Rand der Handschrift nachgetragen und werden auch um 300 n. Chr. bei dem lateinischen Kirchen-

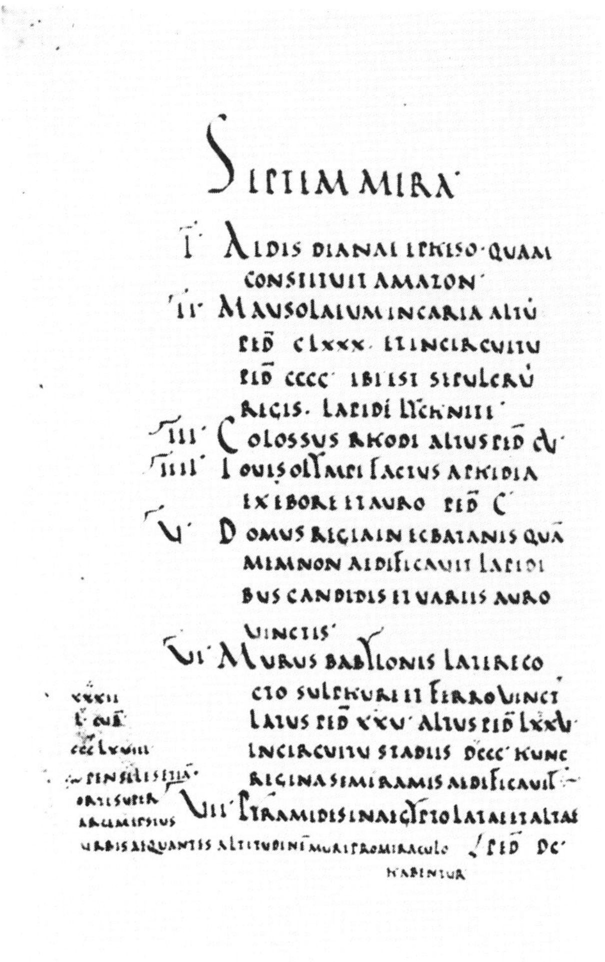
SEPTEM MIRA
I. AEDIS DIANAE EPHESO QUAM CONSTITUIT AMAZON.
II. MAUSOLAEUM IN CARIA ALTU PED CLXXX. ET IN CIRCUITU PED CCCC. IBI EST SEPULCRU REGIS. LAPIDI LYCHNITI.
III. COLOSSUS RHODI ALTUS PED XC.
IIII. IOVIS OLYMPI FACTUS A PHIDIA EX EBORE ET AURO PED C.
V. DOMUS REGIA IN ECBATANIS QUA MEMNON AEDIFICAVIT LAPIDIBUS CANDIDIS ET VARIIS AURO VINCTIS.
VI. MURUS BABYLONIS LATERE COCTO SULPHURE ET FERRO VINCT LATUS PED XXV. ALTUS PED LXXV. IN CIRCUITU STADIIS DCCC. HUNC REGINA SEMIRAMIS AEDIFICAVIT.
VII. PYRAMIDES IN AEGYPTO LATAE ET ALTAE PED DC.

XXXII L. CUB. CCC LXVIII
PENSILES ETIAM ORTI SUPER ARCUM IPSIUS URBIS AEQUANTES ALTITUDINEM MURI PRO MIRACULO HABENTUR

3 *Codex Vaticanus latinus 4929, fol. 149v (Text 18)*

vater *Lucius Caelius Firmianus Lactantius* zu den »septem mira« gerechnet (inst. 3,24,1). Sie erscheinen ebenfalls – wie die Pyramiden, die auch der im 4. Jahrhundert wirkende Historiker *Ammianus Marcellinus* (22,15,28) zu den »miracula septem« rechnet – nicht nur im Weltwunderbuch des *Philon*, sondern auch in einem Epigramm des in der 2. Hälfte des 4. Jahrhunderts lebenden Kirchenvaters *Gregorios von Nazianz*, das – wie das des Antipatros – in der Anthologia Palatina überliefert ist und einen (von Grabräubern geschändeten) Grabhügel übertreibend als achtes Weltwunder preist (*Text 8*). Wie undeutlich aber die Vorstellung von den Hängenden Gärten war, zeigt sich etwa daran, daß der Kommentator zu diesem Epigramm, der Anfang des 8. Jahrhunderts wirkende *Kosmas von Jerusalem*, der zu manchen von Gregorios erwähnten Wundern gleich mehrere Gleichsetzungen bietet und weitere Wunder aufführt, sie mit den von Homer (Odyssee 7,112) beschriebenen Gärten der Phäaken identifiziert (*Text 17*), und daß der *lemmatista Palatini*, der anonyme Verfasser einer Anmerkung in dem das Gedicht überliefernden Codex Palatinus, sie in Kolossai, einem Ort in Phrygien sucht (*Text 19*).

Gregorios von Nazianz nimmt auf die Sieben Weltwunder auch in der Gedenkrede auf seinen Freund Basilius den Großen Bezug, dessen Stiftung eines Hospitals er für bedeutender hält als das Siebentorige Theben in Griechenland und das – schon von Plinius genannte – in Ägypten, als die Mauern von Babylon, das Mausoleum von Halikarnaß, die Pyramiden, den Koloß von Rhodos und »die Größe von Tempeln« (denkt er an Ephesos?)

(*Text 9*). Daß diese Aufzählung nicht jedem verständlich war, zeigen die byzantinischen Erläuterungen zu jener Stelle: Während der unter dem Namen des *Nonnos* überlieferte Kommentar aus der 1. Hälfte des 6. Jahrhunderts Gregorios' Angaben knapp kommentiert (*Text 12*), führen die gleich alten anonymen *Scholia Alexandrina* sogar zwei Zusammenstellungen zum Thema Weltwunder auf, deren erste statt des Mausoleums wieder den Kyros-Palast (der allerdings in Pergamon lokalisiert wird) und statt der Hängenden Gärten die Athene-Statue von Athen nennt, und deren zweite nur die letztgenannte Ersetzung übernimmt und statt des Kolosses von Rhodos die Memnoneia anführt (*Text 13*). Bei diesen handelt es sich um riesige Statuen in Ägypten, die nach den Angaben eines Biographen bereits der römische Kaiser Septimius Severus im Jahr 200 n. Chr. neben den Pyramiden und dem Labyrinth besichtigt hatte (Hist. Aug., Sev. 17). Einer dem *Basilius Minimus* zugeschriebenen Bearbeitung dieser Scholien reicht dies offenbar nicht mehr aus: hier wird in einem Zusatz noch das Kapitol von Rom und der Hadrians-Tempel von Kyzikos (dessen Vorgängerbau bereits Plinius rühmt) hinzugefügt (*Text 14*) – Weltwunder, die uns bereits im oben erwähnten Kommentar des Kosmas zu Gregorios' Epigramm begegnet sind und die der ausführlichste (und auch ins Lateinische übersetzte) Kommentar zu Gregorios' Rede wie selbstverständlich mitzählt: der auf Ps.-Nonnos fußende des im 11. Jahrhundert wirkenden *Niketas von Herakleia*, der übrigens den Helios geweihten Koloß von Rhodos für ein Standbild des Apollon hält (*Text 20 und 25*).

Erstmals begegnen uns diese beiden ›neuen‹ Weltwunder in einem *anonymen Epigramm* zur Verherrlichung des Palastes von Anastasios (Kaiser 491-518), das die Anthologia Palatina ohne Nennung eines Autorennamens überliefert: An uns aus den älteren Listen bekannten Wundern nennt es nurmehr die Pyramiden, den Koloß von Rhodos und den Pharos von Alexandria, hinzu kommen das Asklepios-Heiligtum von Pergamon, das ein reicher Pergamener, Lucius Cuspius Pactumeius Rufinus, der Konsul des Jahres 142 n. Chr., stiftete und das deshalb als »Hain des Rufinus« bezeichnet wird, und eben der Anastasios-Palast (*Text 10*).

Die Zusammenstellung der Listen wird in der Folge immer freier: So kann der im 6. Jahrhundert wirkende Bischof *Gregorius von Tours* neben vier altbekannten Weltwundern – den Mauern von Babylon, dem »Grab des Perserkönigs« (gemeint ist wohl das Mausoleum), dem Koloß von Rhodos und dem Pharos von Alexandria – erstmals das Theater von Herakleia, vor allem aber die Arche Noah und den Tempel Salomons nennen und so die heidnischen Weltwunder der Zeus-Statue und des Artemis-Tempels durch christliche ersetzen (*Text 15*).

Durchgesetzt hat sich jedoch gerade dieser Teil der Aufstellung nicht, wohingegen das Theater von Herakleia auch in einer Liste erscheint, die unter dem Namen des zu Beginn des 8. Jahrhunderts wirkenden englischen Mönchs und fruchtbaren Schriftstellers *Beda Venerabilis* überliefert ist und von der viele verschiedene Fassungen im Umlauf waren: Sie nennt außer diesem Theater wieder den Pharos von Alexandria, den Koloß von Rhodos und den Artemis-Tempel, dazu – wie Kosmas – das Ka-

pitol von Rom sowie eine (nur hier mitgerechnete) Badeanlage und die schwebende Statue des Bellerophon von Smyrna, die wohl nur deshalb nicht als zu heidnisch angesehen wurde, weil der Drachentöter Bellerophon den christlichen Autoren als ›Prototyp‹ des Heiligen Georg galt (*Text 16*). Und wenn nicht in allen christlichen Listen die Pyramiden durch christliche Weltwunder ersetzt werden, so deshalb, weil sie – wie etwa Kosmas und Niketas zeigen – als die Kornspeicher galten, die der biblische Joseph in Ägypten angelegt hatte.

Die bisher genannten Zusammenstellungen halten an der Siebenzahl der Weltwunder fest; sie fügen allenfalls ein alles übertreffendes achtes Wunder hinzu, ersetzen aber nötigenfalls stets einfach ein altbekanntes durch ein neues, etwa christliches Weltwunder. Bei den Autoren des hohen Mittelalters zeigt sich hingegen die Tendenz, nicht mehr streng an der Zahl festzuhalten. Während im 12. Jahrhundert Eustathios von Konstantinopel in seinem Kommentar zu Homers Odyssee (9, 190) zu dem Wort ›Wunder‹ noch das Mausoleum, den Artemis-Tempel von Ephesos, die Hängenden Gärten und die Pyramiden nennt und im Kommentar zur Geographie des Dionysios ferner den Koloß (504) und noch einmal die Gärten (1005) als zu den »Sieben Schaustücken« gehörend anführt, zählt ein Gedicht über die Sieben Weltwunder, das in dem im 12. Jh. entstandenen Geschichtswerk des *Georgios Kedrenos* zitiert wird, ohne Hervorhebung eines besonderen Wunders und ohne jeden Hinweis auf die Diskrepanz einfach acht Weltwunder auf – darunter wieder den Tempel von Kyzikos und den Hain

des Rufinus (*Text 21*). Erst ein anonymer *Bearbeiter* hat dies später erkannt, den Artemis-Tempel durch die – schon von Kosmas genannte – Kirche der Hagia Sophia in Konstantinopel ersetzt und als alle sieben alten Weltwunder übertreffendes achtes markiert (*Text 27*). Ebenso handelt der anonyme Verfasser von zwei *Listen*, die ein Jahrhundert nach Kedrenos aufgeschriebenen wurden; in der ersten feiert er die Hagia Sophia als achtes Weltwunder (wenn er auch zu den sieben eigentlichen andere als der Bearbeiter des Kedrenos-Gedichts zählt), in der zweiten bietet er noch eine andere Zusammenstellung von wiederum acht offenbar gleichrangigen »Schaustücken« – und fügt zu zwei hier genannten Weltwundern hinzu: »Das wußte ich nicht!« (*Text 22*).

Ebenfalls zwei *Listen* bewahrt ein jüngerer Codex, dessen zweite Zusammenstellung offenbar nach Kedrenos vorgeht – und statt der angekündigten Sieben Weltwunder nur fünf nennt; dafür folgen zwei weitere Listen über die Sieben Weltwunder von Konstantinopel (s.u.; *Text 28*). Und ein gleichfalls anonymer Autor des 13. Jahrhunderts setzt zu einer *Liste* von Sieben Weltwundern weitere fünf hinzu, alte wie die Hängenden Gärten und neue wie die Asklepios-Statue von Epidauros (*Text 23*). Diesen nennt auch eine gegen Ende dieses Jahrhunderts entstandene *Liste*, die außerdem ganze 29 weitere Weltwunder aufzählt (*Text 24*). Ja, als um die Mitte des 15. Jahrhunderts *Giorgio Sanginatio*, ein in Rom wirkender griechischer Arzt, ein Gedicht zum Thema verfaßte (in dem aus dem Kyros-Palast in Ekbatana, der in den Scholia Alexandrina schon als Kyros-Palast in Pergamon erschien, nun ein Kyros-Heiligtum

ebenda geworden ist!), betitelte er es einfach »Auf die 16 Weltwunder«. (*Text 26*)

Eine Generation später, 1482, hielt der italienische Humanist Angelo Ambrogini, der sich nach seiner Heimatgemeinde *Politianus* nannte, seine Antrittsvorlesung an der Hochschule von Florenz, und zwar in lateinischen Versen, seinem Thema, der klassischen Dichtung Vergils, angemessen. Um deren Unvergänglichkeit anschaulich zu machen, vergleicht er sie mit den Mauern von Babylon, den Hängenden Gärten, dem Hörner-Altar von Delos (der uns etwa bei Martialis begegnet war), dem Koloß von Rhodos (den er – wie Niketas – für eine Apollon-Statue hält), dem Mausoleum, der Zeus-Statue von Olympia und den Pyramiden (*Text 29*): Es wird deutlich, wie sich das Bemühen der Humanisten um die Antike auch in der Abkehr von den gewucherten Weltwunderlisten des Mittelalters erweist.

Und als im 16. Jahrhundert der niederländische Arzt und Humanist Adriaen de Jonghe (1511-1575), unter seinem lateinischen Namen *Hadrianus Iunius* lateinische Verse über die Acht Weltwunder verfaßt, nennt er zwar statt des Hörner-Altars wieder die Zeus-Statue, doch folgt er Martialis in anderer Weise: Er nennt als achtes Weltwunder das Colosseum und führt dies auf den in Bilbilis geborenen Dichter zurück (*Text 30*). Diese Verse, die sich in einem 1598 postum veröffentlichten Gedichtband des Iunius finden, begegnen uns erstmals, allerdings ohne Nennung des Autorennamens, unter einer Serie von acht Kupferstichen, die 1572 der niederländische Künstler Philips Galle nach Vorlagen des (mit Iunius be-

freundeten) Maarten van Heemskerck veröffentlichte und die eine weite Verbreitung fanden (*Taf. I-VIII*).

Heemskercks Bilder der Weltwunder sind keine Rekonstruktionen; einzig das Colosseum ist – was den Kupferstich auch bauhistorisch wertvoll macht – korrekt in seinem zeitgenössischen Zustand wiedergegeben, den Heemskerck bei einem Romaufenthalt studiert hatte. Daß es hier als achtes Weltwunder erscheint, liegt übrigens nicht daran, daß jener es besonders schätzte (wie der maßgebliche Werkkatalog von Thomas Kerrich glauben macht), sondern, wie ich meine, an den Versen des Iunius: Dieser berücksichtigte das flavische Amphitheater ebenso wie Martialis, dessen Epigramme er vier Jahre zuvor, 1568, im Druck ediert hatte.

Beide Teile jener Kupferstich-Serie, die Verse und die Graphik, fanden weite Verbreitung: Zwar bietet die von dem florentinischen Künstler Antonio Tempesta 1608 veröffentlichte Serie Verse des in Bologna lehrenden Genter Humanisten Josse de Rycke (Iustus Rychius, 1587-1627), doch begegnen uns Iunius' Verse über die Mauern von Babylon, die Zeus-Statue von Olympia, den Koloß von Rhodos und den Pharos von Alexandria auch in der Serie von Weltwunder-Abbildungen, die der niederländische Kupferstecher Crispijn de Passe d. Ä. zusammen mit seinen Kindern Simon, Magdalena und Crispijn d. J. 1614 nach Vorlagen des Malers Maarten de Vos publizierte.

Und wie weit die Graphik, die sogar in zwei etwas unterschiedlichen Auflagen gedruckt wurde, verbreitet wurde, macht etwa die Tatsache deutlich, daß der niederländische Kartograph Willem Janszoon Blaeuw sie in

den Querovalen am Rand seiner erstmals 1606 von Josua van den Ende gedruckten Weltkarte (freilich ohne Quellenangabe) abbildet und daß selbst die ersten »wissenschaftlichen« Abbildungen der Weltwunder, die der österreichische Baumeister Johann Bernhard Fischer von Erlach im ersten Teil seiner 1721 erschienenen Architekturgeschichte (»Entwürff einer historischen Architectur«) publizierte, zum Teil noch auf Heemskerck zurückgehen. Anschaulich macht die Verbreitung von dessen Graphik aber auch ein Besuch des Schlosses Velthurns (Velturno) und des Klosters Neustift (Novacella), beide bei Brixen (Bressanone) in Südtirol: In der Sommerresidenz der Fürstbischöfe von Brixen in Feldthurns schuf bereits 1582, zehn Jahre nach Erscheinen von Galles Kupferstichen, ein Künstler aus Brescia, Pietro Maria Bagnadore, nach ihnen Secco-Malereien der Sieben Weltwunder, und 1669 brachte Nikolaus Schiel nach den gleichen Vorlagen die Fresken auf dem achteckigen Brunnenbaldachin im Hof des Augustiner-Chorherrenstifts an: Als achtes Weltwunder erscheint hier aber nicht das Colosseum (und natürlich auch nicht das eingangs erwähnte geplante Grab für den Vater Alexanders des Großen), sondern – gleichsam in der Tradition der mittelalterlichen Ersetzungen heidnischer durch christliche Wunder – das Kloster selbst!

Die Sieben Weltwunder von Rom, Konstantinopel – und Jena

Bei Plinius d. Ä. und Cassiodorus ist uns die Stadt Rom als achtes Weltwunder begegnet, das Kapitol stand in mehreren spätantiken Listen. Eine regelrechte Zusammenstellung der »Sieben Weltwunder« einer Stadt erscheint erstmals 448/9, als ein gewisser Polemius Silvius ein neues Kalendarium verfaßt, in dem er überflüssig erscheinende (insbesondere heidnische) Elemente fortläßt und christliche einfügt – ein Verfahren, das wir ja auch aus den Weltwunderlisten kennen. Diesem Kalender ist eine Reihe von Listen beigegeben, über die römischen Kaiser, die Provinzen des römischen Reichs, alle Tiere, die Stadt Rom, Maße und Gewichte usw. – und am Ende der Rom-Liste steht eine Aufstellung der »Sieben Hauptwunder« der Stadt (*Text 31*).

Auch für die Hauptstadt des byzantinischen Reiches, Konstantinopel, kennen wir solche Listen der Sieben Wunder der Stadt – gleich zwei stellt der bereits genannte anonyme Verfasser von zwei Weltwunderlisten zusammen (*Text 32*). Und so blieb der Studentenulk nicht aus, der als die Sieben Wunder der Universitätsstadt Jena folgende aufzählte (*Text 33*): den Hausberg, eine Brücke über die Saale, einen Altar der Stadtkirche, eine Fratze an der mechanischen Uhr am Markt, das von Studenten aus alten Knochen zusammengesetzte siebenköpfige »Drachen«-Gerippe, den Fuchsturm auf dem Hausberg und schließlich eine berüchtigte Kneipe.

EDITION DER GRIECHISCHEN UND LATEINISCHEN TEXTE

1. Laterculi Alexandrini, 2. Jh. v. Chr.
Papyrus aus Abusir-el-Melek (s. Abb. 2, S. 56)
Berlin, Papyrus Barolinensis 13044^{v}, col. 8.22-9.6

ΤΑ ΕΠΤΑ Θ̣[ΕΑΜΑΤΑ]

[. . .]ε̣ν̣π̣ο̣τ̣[. . . . .]
. . .
[.]κ̣[. . . .]λ̣ο τ[ὸ] ἐ̣ν̣ Ἐφέ̣-
[σωι] Ἀ̣ρ̣τ̣ιμίσιον · αἱ πρὸς
[. .]ν̣α̣ρεω̣ [πυ]ραμίδες
σ[. . . . .]ν̣α̣κ̣ρ[. .]ρίν-
θ̣ω̣[ι · τὸ ἐν Ἁλικ]α̣ρ̣νασ-
σ[ῶι Μαυσ]σῳ̣[λου] μ̣ν̣ῆμα

2. Antipatros von Sidon, Ende 2. Jh. v. Chr.
Anthologia Palatina 9, 58 (Übers. nach D. Ebener)

Καὶ κραναᾶς Βαβυλῶνος ἐπίδρομον ἅρμασι τεῖχος
καὶ τὸν ἐπ' Ἀλφειῷ Ζᾶνα κατηυγασάμην
κάπων τ' αἰώρημα καὶ Ἠελίοιο κολοσσὸν
καὶ μέγαν αἰπεινᾶν πυραμίδων κάματον
μνᾶμά τε Μαυσωλοῖο πελώριον· ἀλλ' ὅτ' ἐσεῖδον

ÜBERSETZUNG DER GRIECHISCHEN UND LATEINISCHEN TEXTE

1.

Die Sieben Schaustücke

...
(mehrere Zeilen unlesbar)
... das in Ephe-
sos (gelegene) Artemision; die bei
... (gelegenen) Pyramiden;
...
... ; das in Halikarnas-
sos (gelegene) Grabmal des Maussolos.

2.

Anschauen durfte ich mir des ragenden Babylons Mauern,
die man mit Wagen befährt, dann den alpheischen Zeus (von Olympia am Alpheios-Fluß),
auch die Hängenden Gärten und den Koloß des Helios,
die Pyramiden, ein Werk, mächtig zur Höhe gereckt,
und das gewaltige Grabmal des Mausolos. Aber der Tempel,

Ἀρτέμιδος νεφέων ἄχρι θέοντα δόμον,
κεῖνα μὲν ἠμαύρωτο, καὶ ἦν· »Ἴδε, νόσφιν Ὀλύμπου
Ἅλιος οὐδέν πω τοῖον ἐπηυγάσατο.«

3. Sextus Propertius, 2. Hälfte 1. Jh. v. Chr.
Elegien 3, 2, 15 (17) ff. (Übers. nach R. Helm)

Fortunata, meo si qua es celebrata libello!
carmina erunt formae tot monumenta tuae.
nam neque pyramidum sumptus ad sidera ducti
nec Iovis Elei caelum imitata domus
nec Mausolei dives fortuna sepulcri
mortis ab extrema condicione vacant.
aut illis flamma aut imber subducet honores,
annorum aut ictu pondere victa ruent.
at non ingenio quaesitum nomen ab aevo
excidet: ingenio stat sine morte decus.

4. Gaius Plinius Secundus d. Ä., 23-79 n. Chr.
Naturgeschichte 36, 75 ff. (mit Auslassungen)

Dicantur obiter et *pyramides* in eadem Aegypto, regum pecuniae otiosa ac stulta ostentatio, quippe cum faciendi eas causa a plerisque tradatur, ne pecuniam successori-

der sich in Wolken verliert, heilig der Artemis, ließ
alles andre verblassen. Ich sprach: »Vom Olymp abgesehen,
hat Gott Helios solch Wunderwerk niemals erblickt!«

3.

Glücklich du Schöne, die ich in meinem Buche gefeiert!
Werden die Lieder doch viel Zeugen der Reize für dich.
Nicht Pyramiden, obschon mit Verschwendung geführt bis zum Himmel,
nicht in Elis das Haus Jupiters, gleich dem Olymp,
nicht des Mausolos Grab mit seinem kostbaren Prunke,
nichts ist vom letzten Zwang aller Vergänglichkeit frei.
Entweder nimmt ihnen Feuer den Glanz oder tut es der Regen,
oder im Sturme der Zeit stürzt sie ihr eigen Gewicht.
Doch den Namen, den sich der Geist erworben, vernichtet
niemals die Zeit, und dem Geist bleibt ohne Ende der Ruhm.

4.

Es sollen beiläufig auch die Pyramiden in Ägypten erwähnt werden, eine müßige und törichte Prahlerei mit dem Reichtum der Könige, da ja als Grund für ihre Errichtung von den meisten angegeben wird, daß jene ih-

bus aut aemulis insidiantibus praeberent aut ne plebs esset otiosa. multa circa hoc vanitas hominum illorum fuit. vestigia complurium incohatarum extant. una est in Arsinoite nomo, duae in Memphite, non procul labyrintho, de quo et ipso dicemus, totidem ubi fuit Moeridis lacus, hoc est fossa grandis, sed Aegyptiis inter mira ac memoranda narrata. harum cacumina [CC cubita] extra aquam eminere dicuntur.

reliquae tres, quae orbem terrarum inplevere fama, sane conspicuae undique adnavigantibus, sitae sunt in parte Africae monte saxeo sterilique inter Memphim oppidum et quod appellari diximus Delta, a Nilo minus IIII milia passuum, a Memphi $\overline{\text{VII}}$ D, vico adposito quem vocant Busirin; in eo sunt adsueti scandere illas ...

haec sunt pyramidum miracula, supremumque illud, ne quis regum opes miretur, minimam ex iis, sed laudatissimam, a Rhodopide meretricula factam. Aesopi fabellarum philosophi conserva quondam et contubernalis haec fuit, maiore miraculo, tantas opes meretricio esse conquisitas.

magnificatur et alia *turris* a rege facta in insula Pharo portum optinente Alexandriae, quam constitisse DCCC

ren Nachfolgern oder den ihnen auflauernden Rivalen kein Geld hinterlassen oder dem Volk etwas zu tun geben wollten. Darin war die Selbstgefälligkeit jener Männer groß. Es gibt Reste von mehreren angefangenen Pyramiden. Eine steht im Arsinoitischen Gau, zwei im Memphitischen, unweit vom Labyrinth, über das wir noch sprechen werden, ebensoviele dort, wo der Moeris-See war, eigentlich bloß ein gewaltiger Graben, aber von den Ägyptern zu den erinnerungswürdigen Wundern gezählt. Die Spitzen dieser Pyramiden sollen 200 Ellen über den Wasserspiegel hinausragen.

Die übrigen drei Pyramiden, die die Welt mit ihrem Ruhm erfüllt haben, sind für jeden, der aus welcher Richtung auch immer (auf dem Nil) anreist, bestens sichtbar; sie stehen auf der afrikanischen Seite (des Nils) auf einem Felshügel in der Wüste zwischen der Stadt Memphis und dem bereits erwähnten sog. Delta, vom Nil weniger als 4 Meilen entfernt, von Memphis 7½. In der Nähe liegt ein Dorf namens Busiris; dort leben Leute, die jene Pyramiden zu besteigen gewohnt sind ...

Dies sind die Wunder der Pyramiden, und das größte ist dabei – damit keiner bloß die Mittel der Könige bewundere –, daß die kleinste, aber am meisten gerühmte von ihnen von der Dirne Rhodopis errichtet wurde. Diese war einst die Mitsklavin und Konkubine des Fabelautors Äsop; und ein noch größeres Wunder ist, daß solche Mittel durch Prostitution erworben wurden.

Auch ein anderer Turmbau eines Königs wird gerühmt, nämlich auf der Insel Pharos, die den Hafen von Alexandria kontrolliert. Er soll 800 Talente gekostet haben, wobei – wie wir nicht verschweigen wollen – Kö-

talentis tradunt, magno animo, ne quid omittamus, Ptolemaei regis, quo in ea permiserit Sostrati Cnidii architecti structura ipsa nomen inscribi.

usus eius nocturno navium cursu ignes ostendere ad praenuntianda vada portusque introitum, quales iam compluribus locis flagrant, sicut Ostiae ac Ravennae. periculum in continuatione ignium, ne sidus existimetur, quoniam e longinquo similis flammarum aspectus est. hic idem architectus primus omnium pensilem ambulationem Cnidi fecisse traditur.

dicamus et *labyrinthos*, vel portentosissimum humani inpendii opus, sed non, ut existimari potest, falsum. durat etiam nunc in Aegypto in Heracleopolite nomo qui primus factus est ante annos, ut tradunt, $\overline{\mathrm{III}}$ DC a Petesuchi rege sive Tithoe, quamquam Herodotus totum opus XII regum esse dicit novissimique Psammetichi. causas faciendi varie interpretantur, Demoteles regiam Moteridis fuisse, Lyceas sepulchrum Moeridis, plures Soli sacrum id exstructum, quod maxime creditur.

hinc utique sumpsisse Daedalum exemplar eius labyrinthi, quem fecit in Creta, non est dubium, sed centesimam tantum portionem eius imitatum, quae itinerum ambages occursusque ac recursus inexplicabiles continet, non – ut in pavimentis puerorumve ludicris campes-

nig Ptolemaios großmütig gestattete, daß auf dem Bau selbst der Name seines Architekten Sostratos von Knidos angebracht werde.

Der Nutzen des Turms besteht darin, bei nächtlichen Schiffsbewegungen Feuer zu zeigen, um Untiefen und den Hafeneingang markieren; solche Feuer brennen schon an mehreren Orten, etwa in Ostia und Ravenna. Im ununterbrochenen Feuerschein liegt die Gefahr, daß man ihn für einen Stern halten könnte, denn aus der Entfernung sehen die Flammen so ähnlich aus. Derselbe Architekt soll übrigens in Knidos als allererster einen Umgang auf Säulen errichtet haben.

Wir wollen auch die Labyrinthe nennen, wohl das schaurigste Werk menschlicher Aufwendungen, doch keineswegs, wie man meinen könnte, eine bloße Erfindung: Vielmehr besteht heute noch eines in Ägypten im Herakleopolitischen Gau, das als erstes erbaut wurde, der Überlieferung nach vor 3 600 Jahren von König Petesuchis oder Tithoes, wenngleich Herodot (2, 148) das ganze Werk den »Zwölf Königen« zuweist, deren jüngster Psammetichos war. Die Gründe für die Errichtung dieses Labyrinths werden unterschiedlich wiedergegeben: Nach Demoteles war es der Palast des Moteris, nach Lykeas das Grab des Moeris, nach vielen anderen wurde es als Heiligtum für den Sonnengott errichtet, was am glaubwürdigsten scheint.

Hierin jedenfalls fand zweifellos Daedalus das Modell für das Labyrinth, das er in Kreta erbaute, wobei er freilich nur ein Hundertstel jenes Vorbilds nachahmte, das verschlungene Wege und unerklärliche Zugänge und Rückwege enthält. Es umfaßt dabei nicht bloß – wie wir

tribus videmus – brevi lacinia milia passuum plura ambulationis continentem, sed crebris foribus inditis ad fallendos occursus redeundumque in errores eosdem. secundus hic fuit ab Aegyptio labyrinthus, tertius in Lemno, quartus in Italia …

legitur et *pensilis hortus*, immo vero totum oppidum *Aegyptiae Thebae*, exercitus armatos subter educere solitis regibus nullo oppidanorum sentiente; etiamnum hoc minus mirum quam quod flumine medium oppidum interfluente. quae si fuissent, non dubium est Homerum dicturum fuisse, cum centum portas ibi praedicaret.

Graecae magnificentiae vera admiratio exstat *templum Ephesiae Dianae* CXX annis factum a tota Asia. in solo id palustri fecere, ne terrae motus sentiret aut hiatus timeret, rursus ne in lubrico atque instabili fundamenta tantae molis locarentur, calcatis ea substravere carbonibus, dein velleribus lanae. universo templo longitudo est CCCCXXV pedum, latitudo CCXXV, columnae CXXVII a singulis regibus factae LX pedum altitudine, ex iis XXXVI caelatae, una a Scopa. operi praefuit Chersiphron architectus.

summa miraculi epistylia tantae molis attolli potuisse; id consecutus ille est aeronibus harenae plenis, molli

dies auf manchem Fußboden oder bei den Spielen der Kinder auf dem Campus (Martius) sehen – auf einem kleinen Flecken mehrere Meilen Wege, vielmehr sind häufig Türen eingebaut, um fälschlich einen Zuweg anzuzeigen und beim Rückweg zu denselben Fehlern zu verleiten. Dieses war das zweite Labyrinth nach dem ägyptischen, das dritte steht in Lemnos, das vierte in Italien …

Man liest auch vom Hängenden Garten, ja sogar von einer ganzen Stadt, dem Ägyptischen Theben, unter der die Könige immer wieder Heere in voller Bewaffnung marschieren ließen, ohne daß die Stadtbewohner etwas davon merkten. Freilich ist dies noch immer weniger wundersam als wenn (wie in Rom) ein Fluß mitten durch die Stadt geflossen wäre. Wenn dies alles stimmte, hätte es zweifellos Homer erwähnt, als er die hundert Tore dort pries.

Für die Großartigkeit der Griechen erregt wahrhaftige Bewunderung der Tempel der Diana von Ephesos, der von ganz Kleinasien in 120 Jahren errichtet wurde. Man errichtete ihn auf sumpfigem Grund, damit ihm Erdbeben oder -spalten nichts anhaben könnten. Um aber auch nicht die Fundamente einer so großen Baumasse auf schlüpfrigen und unstabilen Boden zu stellen, unterlegte man sie mit festgestampfter Kohle und dann mit Wollvliesen. Der ganze Tempel ist 425 Fuß lang und 225 breit. Von jeweils verschiedenen Königen sind seine 127 Säulen mit 60 Fuß Höhe errichtet; 36 davon sind reliefiert, eine von Skopas. Der Arbeit stand der Architekt Chersiphron vor.

Das größte Wunder ist, daß man steinerne Querbal-

clivo super capita columnarum exaggerato, paulatim exinaniens imos, ut sensim opus in loco sederet. difficillime hoc contigit in limine ipso, quod foribus inponebat; etenim ea maxima moles fuit nec sedit in cubili, anxio artifice mortis destinatione suprema.

tradunt in ea cogitatione fessum nocturno tempore in quiete vidisse praesentem deam, cui templum fieret, hortantem, ut viveret: se composuisse lapidem. atque ita postera luce apparuit; pondere ipso correctus videbatur. cetera eius operis ornamenta plurium librorum instar optinent, nihil ad specimen naturae pertinentia.

durat et *Cyzici* delubrum, in quo tubulum aureum commissuris omnibus politi lapidis subiecit artifex, eboreum Iovem dicaturus intus coronante eum marmoreo Apolline. translucent ergo iuncturae tenuissimis capillamentis lenique adflatu simulacra refovent ...

verum et ad *urbis nostrae miracula* transire conveniat DCCCque annorum dociles scrutari vires et sic quoque terrarum orbem victum ostendere. quod accidisse toti-

ken von solcher Masse auf die Säulen zu heben vermochte. Der Architekt erreichte dies mit Binsenkörben voll Sand, die er in einer sanften Steigung über die Höhe der Säulen hinaus aufschichtete, (über diese Rampen den Querbalken hinaufzog und dann) nach und nach die unten liegenden Körbe entleerte, so daß das Werkstück allmählich an seinen Platz gelangte. Am schwierigsten war dies bei der Oberschwelle selbst, die er über dem Tor anbringen wollte, denn diese hatte das größte Gewicht und ließ sich nicht in ihre Bettung senken; der Künstler sah schon im Selbstmord den einzigen Ausweg.

Es heißt, daß er beim Nachdenken darüber ermüdet sei und in der Nachtruhe die Göttin geschaut habe, für die der Tempel errichtet wurde; sie habe ihm zu leben befohlen, denn den Stein habe sie selbst an seinen Platz gelegt. Und als es später hell wurde, war dem so. Wahrscheinlich aber hatte der Stein sich durch sein eigenes Gewicht eingerichtet. Der andere Schmuck jenes Bauwerks könnte mehrere Bücher füllen, da er nicht nach natürlichen Formen gearbeitet ist.

Auch in Kyzikos ist ein Tempel erhalten geblieben; bei ihm hat der Künstler in jede Fuge des geglätteten Steins eine kleine Röhre aus Gold eingefügt, da er im Inneren eine Elfenbeinstatue des Jupiter aufstellen wollte, den ein Apollon aus Marmor bekränzt. Die Fugen sind also dank der haarfeinen Röhren durchscheinend, und beleben durch einen sanften Luftzug die Götterbilder...

Nun mag es aber angebracht sein, zu den Wundern unserer Stadt überzugehen, und die Fähigkeiten zu untersuchen, die sich aus einer 800jährigen Erfahrung bildeten, und zu zeigen, daß auch auf diesem Gebiet die

ens paene, quot referentur miracula, apparebit; universitate vero acervata et in quendam unum cumulum coiecta non alia magnitudo exurget quam si mundus alius quidam in uno loco narretur.

5. *Marcus Valerius Martialis, 40-102 n. Chr.*
Spectacula 1 (Übers. nach U. Gößwein)

Barbara pyramidum sileat miracula Memphis
Assyrius iactet nec Babylona labor;
nec Triviae templo molles laudentur Iones,
dissimulet Delon cornibus ara frequens;
aëre nec vacuo pendentia Mausolea
laudibus inmodicis Cares in astra ferant.
omnis Caesareo cedit labor Amphitheatro,
unum pro cunctis fama loquetur opus.

übrige Welt überwunden wurde. Ja, es wird dabei deutlich werden, daß die Zahl dieser Triumphe fast ebenso groß ist wie die der nun aufzuzählenden Wunder; stellt man sich vor, daß man sie alle einsammelt und auf einen großen Haufen zusammenträgt, dann würde der zu keiner geringeren Höhe aufsteigen, als wenn eine zweite Welt an einem einzigen Ort beschrieben würde.

5.

Das barbarische Memphis schweige von Pyramidenwundern,
und assyrischer Leistungsstolz prahle nicht mit Babylon;
schlaffen Joniern soll nicht des Trivia- (Artemis-)Tempels Lob zufallen,
Delos soll sich samt dem berühmten Hörner-Altar verstecken;
und den in dünne Luft aufragenden Grabbau des Mausolos
sollen die Karer nicht maßlos bis zu den Sternen hochloben!
Jedes Werk bleibt zurück hinter Kaisers Amphitheater;
ein für allemal wird Nachruhm nur dieses Werk feiern!

6. Gaius Iulius Hyginus zugewiesen, 2. Jh. n. Chr.
Fabulae 223

Septem opera mirabilia.

Ephesi Dianae templum quod fecit Amazon Otrera, Martis coniunx.
monimentum regis Mausoli lapidibus lychnicis, altum pedes LXXX, circuitus pedes MCCCXL.
Rhodi signum Solis aeneum, id est colossus, altus pedibus XC.
signum Iovis Olympii, quod fecit Phidias ex ebore et auro, sedens, pedes LX.
domus Cyri regis in Ecbatanis, quam fecit Memnon lapidibus variis et candidis vinctis auro.
murus in Babylonia, quem fecit Semiramis Dercetis filia latere cocto et sulpure ferro vinctum, latum pedes XXV, altum pedes LX, in circuitu stadiorum CCC.
pyramides in Aegypto, quarum umbra non videtur, altae pedes LX.

7. Lucius Ampelius, 4. Jh. n. Chr.
Liber Memorialis 8 (eingefügte Glosse; s. S. 16)

Aedis Dianae Epheso quam constitutit Amazon.
sepulcrum in Caria.
Rhodo colossi signum Solis.

6.

Sieben wunderbare Werke

In Ephesos der Dianatempel, den die Amazone Otrera, die Gattin des Mars, baute.
Das Monument des Königs Mausolos aus leuchtenden Steinen, 80 Fuß hoch, Umfang 1340 Fuß.
In Rhodos das bronzene Standbild des Sol, also der Koloß, 90 Fuß hoch.
Das Standbild des Olympischen Jupiter, das Phidias aus Elfenbein und Gold herstellte, sitzend, 60 Fuß.
Der Palast des Königs Kyros in Ekbatana, den Memnon aus bunten und weißen Steinen mit Auflagen aus Gold baute.
Die Mauer in Babylonien, die Semiramis, die Tochter der Derketo (Atargatis), aus gebranntem Ziegel und mit Schwefel verbundenem Eisen errichtete, 25 Fuß breit, 60 Fuß hoch, im Umfang von 300 Stadien.
Die Pyramiden in Ägypten, deren Schatten man nicht sieht, 60 Fuß hoch.

7.

Der Tempel der Diana in Ephesos, den eine Amazone errichtete.
Das Grab in Karien.
In Rhodos das Standbild des Kolosses Sol.

signum Iovis Olympii quem fecit Phidias.
domus illic (Ecbatanis) Cyri regis aedificata lapidibus candidis et nigellis auro vinctis.
murus ... Babyloniae lapide cocto et sulfure, ferro intermixtus, ubi sunt iuncturae. latitudo eius cubitis XXX, altus cubitis CXXX; cingitus milia passuum XXX. hunc coepit Samiramis, filius eius perfecit.
pyramides in Aegypto.

8. Gregorios von Nazianz, 2. Hälfte 4. Jh. n. Chr.
Epigramm 50 (Anthologia Palatina 8, 177)
(Übers. nach D. Ebener)

Ἑπτὰ βίοιο πέλει τάδε θαύματα· τεῖχος, ἄγαλμα,
κῆποι, πυραμίδες, νηός, ἄγαλμα, τάφος·
ὄγδοον ἔσκον ἔγωγε πελώριος ἐνθάδε τύμβος,
ὑψιπαγής, σκοπέλων τῶνδ' ἀποτῆλε θέων,
πρῶτος δ' ἐν φθιμένοισιν ἀοίδιμος, ἔργον ἄπληστον
τῆς σῆς, ἀνδροφόνε, μαινομένης παλάμης.

Das Standbild des Olympischen Jupiter, das Phidias herstellte.
Der Palast des Königs Kyros in Ekbatana, erbaut aus weißen und schwarzen Steinen mit Auflagen aus Gold.
Die Mauer in Babylonien aus gebranntem Ziegel und Schwefel, mit Eisen vermischt, wo die Fugen sind. Ihre Breite beträgt 30 Ellen, die Höhe 130 Ellen, der Umfang 30 Meilen. Begonnen hat sie Semiramis, fertiggestellt ihr Sohn.
Die Pyramiden in Ägypten.

8.

Sieben Weltwunder gibt es: die Mauer, das Standbild, die Gärten,
die Pyramiden, zuletzt Tempel, Standbild und Grab.
Ich hier, der riesige Grabhügel, war ganz sicher das achte,
hoch errichtet, hinaus über die Felsen gereckt,
unter den Gräbern als erstes des Ruhmes würdig: Du, Mörder,
hast es in maßloser Gier ingrimmig wühlend zerstört!

9. Gregorios von Nazianz, 2. Hälfte 4. Jh. n. Chr.
Rede (nr. 43) auf Basilios d. Gr., 63

Τί ἔτι; καλὸν φιλανθρωπία καὶ πτωχοτροφία καὶ τὸ τῆς ἀνθρωπίνης ἀσθενείας βοήθημα. μικρὸν ἀπὸ τῆς πόλεως πρόελθε, καὶ θέασαι τὴν καινὴν πόλιν, τὸ τῆς εὐσεβείας ταμεῖον, τὸ κοινὸν τῶν ἐχόντων θησαύρισμα, εἰς ὃ τὰ περιττὰ τοῦ πλούτου, ἤδη δὲ καὶ τὰ ἀναγκαῖα ταῖς ἐκείνου παραινέσεσιν ἀποτίθεται, σῆτας ἀποσειόμενα καὶ κλέπτας οὐκ εὐφραίνοντα καὶ φθόνου πάλην καὶ καιροῦ φθορὰν διαφεύγοντα· ἐν ᾧ νόσος φιλοσοφεῖται καὶ συμφορὰ μακαρίζεται καὶ τὸ συμπαθὲς δοκιμάζεται.

τί μοι πρὸς τοῦτο τὸ ἔργον ἑπτάπυλοι Θῆβαι καὶ Αἰγύπτιαι καὶ τείχη Βαβυλώνια καὶ Μαυσόλου Καρικὸς τάφος καὶ Πυραμίδες καὶ Κολοσσοῦ χαλκὸς ἄμετρος, ἢ ναῶν μεγέθη καὶ κάλλη τῶν μηκέτι ὄντων, ἄλλα τε ὅσα θαυμάζουσιν ἄνθρωποι καὶ ἱστορίαις διδόασιν, ὧν οὐδὲν τοὺς ἐγείραντας πλὴν δόξης ὀλίγης ὤνησεν;

ἐμοὶ δὲ θαυμασιώτατον ἡ σύντομος τῆς σωτηρίας ὁδός, ἡ ῥᾴστη πρὸς οὐρανὸν ἀνάβασις. οὐκ ἔτι πρόκειται τοῖς ὀφθαλμοῖς ἡμῶν θέαμα δεινὸν καὶ ἐλεεινόν, ἄνθρωποι νεκροὶ πρὸ θανάτου καὶ τετελευτηκότες τοῖς πλείστοις τοῦ σώματος μέλεσιν, ἀπελαυνόμενοι πόλεων, οἰκιῶν, ἀγορῶν, ὑδάτων, αὐτῶν τῶν φιλτάτων, ὀνόμασι μᾶλλον ἢ σώμασι γνωριζόμενοι. ...

9.

Was also? Etwas Schönes ist die Menschenfreundlichkeit, die Unterstützung der Armen und die Hilfe für die menschliche Schwachheit. Geh einmal ein wenig aus der Stadt hinaus und sieh die »Neue Stadt« (das von Basilios gegründete Hospital) an, diesen Schatz der Frömmigkeit, dieses gemeinsame Schatzhaus der Besitzenden, in das sie durch Basilios' Ermunterung ihren überflüssigen Reichtum, ja sogar das Notwendige abgeben und so den Motten entziehen, den Dieben vorenthalten und dem Zahn der Zeit entreißen. Dort wird die Krankheit mit Weisheit ertragen, das Unglück zum Glück und das Mitleid erforscht.
Was sind mir im Vergleich zu diesem Werk das Siebentorige Theben und das ägyptische, die babylonischen Mauern, das Karische Grab des Mausolos, die Pyramiden, die riesige Bronzefigur des Kolosses und die Größe von Tempeln und die Schönheit von Vergangenem und was sonst noch die Menschen bewundern und den Geschichtsbüchern übergeben, von dem seine Erbauer keinen Nutzen außer ein bißchen Ruhm hatten?
Für mich ist dies das größte Wunder, der direkte Weg zum Heil, der leichte Aufstieg in den Himmel. Liegt nicht schon vor unseren Augen ein gewaltiges und mitleiderregendes Schaustück, Menschen, die vor ihrem Ableben tot und an den meisten Körpergliedern gestorben sind, vertrieben aus den Städten, Häusern, Märkten, Brunnen, die ihnen die liebsten waren, und eher an ihrem Namen als an ihrer Gestalt zu erkennen? ... Am

ἀλλ᾽ ἐκεῖνός γε μάλιστα πάντων ἔπεισεν ἀνθρώπους ὄντας ἀνθρώπων μὴ καταφρονεῖν, μηδ᾽ ἀτιμάζειν Χριστόν, τὴν μίαν πάντων κεφαλήν, διὰ τῆς εἰς ἐκείνους ἀπανθρωπίας.

10. Anonymes Epigramm auf den Palast des Anastasios, um 500 n. Chr.
Anthologia Palatina 9,656 (Übers. nach D. Ebener)

Οἶκος Ἀναστασίοιο τυραννοφόνου βασιλῆος
μοῦνος ὑπερτέλλω πανυπείροχος ἄστεσι γαίης,
θαῦμα φέρων πάντεσσιν, ἐπεὶ κοσμήτορες ἔργων,
ὕψος ὁμοῦ μῆκός τε καὶ ἄπλετον εὖρος ἰδόντες,
ἀσκεπὲς ἐφράσσαντο πελώριον ἔργον ἐᾶσαι·
ἀλλὰ πολυκμήτοιο λαχὼν πρεσβήια τέχνης
Αἰθέριος πολύιδρις ἐμὴν τεχνήσατο μορφήν,
ἀχράντῳ βασιλῆι φέρων πρωτάγρια μόχθων.
ἔνθεν ἀπειρέσιον μέγεθος περὶ παντὶ τιταίνων
Αὐσονίης νίκησα βοώμενα θαύματα γαίης.
εἶξον ἀρειοτέροισι, χάρις Καπετωλίδος αὐλῆς,

meisten von allen brachte uns Basilios dazu, als Menschen die Menschen nicht zu verachten und Christus nicht zu entehren, das eine Haupt von Allem, durch Unmenschlichkeit gegen jene.

10.

Dem Anastasios diene als Schloß ich, dem Kaiser, der böse
Machthaber schlug. In den Schatten verweise ich glänzende Städte,
werde von allen bewundert. Die Baumeister wollten beim Anblick
meiner Höhe und Länge und kaum noch meßbaren Breite
für das gewaltige Werk auf den Einbau von Dächern verzichten.
Doch der begabte und kluge Planer so kunstreicher Bauten,
Meister Aitherios, gab mir Gestalt endgültig, als Fachmann,
widmete mich als Schöpfung seinem untadligen Fürsten.
Daraufhin dehnte ich endlos mich aus nach sämtlichen Seiten
und übertraf noch Italiens sattsam bestaunte Paläste.
Weiche dem größeren Bauwerk, du Prachtkapitol, Burg des Glanzes,

εἰ καὶ χαλκείων ὀρόφων ἀμαρύγματα πέμπεις·
κρύψον ἀμετρήτων μεγάρων στεινούμενον αὐλαῖς,
Πέργαμε, φαιδρὸν ἄγαλμα τεόν, Ῥουφίνιον ἄλσος·
μηδὲ τανυπλεύροισιν ἀρηρότα, Κύζικε, πέτροις
Ἀδριανοῦ βασιλῆος ἀμεμφέα νηὸν ἀείσεις.
οὔ μοι Πυραμίδων ἰκέλη κρίσις οὐδὲ Κολοσσοῦ
οὐδὲ Φάρου· μεγάλην μοῦνος δ' ὑπερέδραμον αἴγλην.
αὐτὸς ἐμὸς σκηπτοῦχος Ἰσαυροφόνον μετὰ νίκην
χρυσοφαές με τέλεσσεν ἐδέθλιον Ἠριγενείης
πάντῃ τετραπόρων ἀνέμων πεπετασμένον αὔραις.

11. Flavius Magnus Aurelius Cassiodorus, 485-580 n. Chr.
Variae 7, 15

Ferunt prisci saeculi narratores fabricarum septem tantum terris adtributa miracula: Ephesi Dianae templum; regis Mausoli pulcherrimum monumentum, a quo et mausolea dicta sunt; Rhodi Solis aeneum signum, quod colossus vocatur; Iovis Olympici simulacrum, quod Phidias primus artificum summa elegantia ebore auro-

magst du mit deinen bronzenen Dächern auch zauberhaft funkeln!
Pergamon, dein weit leuchtendes Schmuckstück, den Hain des Rufinus,
den doch schon Riesengebäude beengen, kannst du verstecken!
Kyzikos, du brauchst nicht mehr den stattlichen Tempel zu preisen,
den Hadrianus, als Kaiser, aus mächtigen Steinen erbaute!
Nicht Pyramiden und nicht der Koloß, nicht der Leuchtturm von Pharos
lassen mit mir sich vergleichen; ich strahle weit heller als jene.
Mein Gebieter, der siegreich im Kampf die Isaurer vernichtet,
schuf mich als goldene Wohnstatt der frühgeborenen Göttin.
Allseitig stehe ich, durch vier Tore, offen den Winden.

11.

Es berichten die Erzähler der alten Zeit, daß es an Bauwerken nur sieben Wunder auf der Erde gebe: In Ephesos der Tempel der Diana; das wunderschöne Monument des Königs Mausolos, nach dem die Mausoleen bezeichnet werden; in Rhodos das bronzene Standbild des Sol, das Koloß genannt wird; des olympischen Jupiter Götterbild, das Phidias, der bedeutendste Künstler,

que formavit; Cyri Medorum regis domus, quam Memnon arte prodiga illigatis auro lapidibus fabricavit; Babyloniae muri, quos Samiramis regina latere cocto sulphure ferroque construxit; pyramides in Aegypto, quarum in suo statu se umbra consumens ultra constructionis spatia nulla parte respicitur.
sed quis illa ulterius praecipua putabit, cum in una urbe tot stupenda conspexerit? habuerunt honorem, quia praecesserunt tempore et in rudi saeculo quicquid emersisset novum, per ora hominum iure ferebatur eximium. nunc autem potest esse veridicum, si universa Roma dicatur esse miraculum.

12. Ps.-Nonnos, 1. Hälfte 6. Jh. n. Chr.
Kommentar zu den Reden des Gregorios von Nazianz, narr. 12f. (hier zu Text 9), a) Rom, Codex Vallicellanus 47, fol. 55^{v}; b) Florenz, Codex Laurentianus VII 8, fol. 265^{r}.

a) Περὶ τῶν ζ' θεαμάτων τῶν ἐν τῷ κόσμῳ
ἱστορία ἧς μέμνηται ὁ θεολόγος ἐν τῷ ἐπιταφίῳ

α' ἑπτάπυλοι Θῆβαί εἰσι τῆς Ἑλλάδος αἱ ὑπὸ Ἀμφίονος καὶ Ζήθου κτισθεῖσαι διὰ κιθάρας

in höchster Vollendung aus Elfenbein und Gold schuf; des Mederkönigs Kyros Palast, den Memnon in verschwenderischer Pracht aus mit Gold belegten Steinen errichtete; Babyloniens Mauern, welche Königin Semiramis aus gebranntem Ziegel, Schwefel und Eisen herstellte; die Pyramiden in Ägypten, deren Schatten sich bei seiner Stellung aufzehrt, da er im Raum jenseits des Bauwerks nirgends sichtbar ist.
Doch wer wird dies alles noch für bedeutend halten, wenn er in einer einzigen Stadt so viel Staunenswertes erblicken kann? Jene hatten ihren Ruhm, weil sie diesen zeitlich vorangingen und alles, was in einer rauhen Zeit an Neuem hervorkam, vom Menschenmund zu Recht als etwas Außergewöhnliches hervorgehoben wurde. Jetzt aber kann man die Wahrheit nur sagen, wenn man angibt, ganz Rom sei ein Wunder.

12.

a) Über die 7 Schaustücke auf der Welt – eine Geschichte, die der Theologe (Gregorios) in der Grabrede erwähnt:

1. Das siebentorige Theben ist das in Griechenland, das von Amphion und Zethos mit der Kithara erbaut wurde (durch deren Klang sich die Steine von selbst zusammenfügten).

β' εἰσὶ δὲ καὶ Αἰγυπτίας Θῆβαι ἑκατοντάπυλοι· γεγόνασι γὰρ καὶ αὐταὶ μεγίσται ὥστε ἑκατὸν ἔχειν πύλας.

γ' τὰ δὲ ἐν Βαβυλῶνι τείχη ἃ Σεμίραμις κατεσκεύασεν ἐξ ὀπτῆς (cod. ὀπλῆς) πλίνθου καὶ ἀσφάλτου. σταδίων τὸ περίμετρον υπ' καὶ ὕψος πολύ.

δ' καὶ ὁ Μαυσωλοῦ τοῦ Καρὸς τάφος καὶ αὐτὸς μέγιστός ἐστι. Μαυσωλὸς γὰρ Καρίας γέγονε τύραννος· ὃς ἔκτισεν ἑαυτῷ τάφον πολυανάλωτον ἐν χώματί τινι ἐν λιμναζούσῃ λίμνῃ ἔνδον κειμένου τοῦ τάφου. γράφεται δὲ Καρικὸς τάφος, ἵνα ᾖ κτητικός. γράφεται δὲ καὶ Καρὸς, ἵνα ᾖ ἐθνικὸς Μαυσωλοῦ τοῦ Καρός.

ε' ἐν Αἰγύπτῳ δέ ἐστι πυραμίδες, ἐκτημέναι πολυανάλωτοι καὶ αὗται θεάματος ἄξιαι, ἅστινας Χριστιανοὶ μὲν λέγουσιν εἶναι τὰ ὡρεῖα (cod. ὅροι) τοῦ Ἰωσήφ, Ἕλληνες δὲ τάφους βασιλέων τινῶν, ὧν ἐστι καὶ Ἡρώδοτος· ὡς δὲ εἰκὸς μετὰ τοὺς χρόνους τοῦ Ἰωσήφ, καὶ τὴν ἔξοδον τοῦ Ἰσραὴλ ἐποιήσαντο αὐτὰς τάφους βασιλέων οἱ Ἕλληνες. τῆς δὲ μιᾶς ἤγουν τῆς μεγίστης τὸ ὕψος ἐστὶ πηχῶν υ'.

ϛ' περὶ δὲ τοῦ ἀγάλματος τοῦ ἐν Κολοσσαῖς λέγεται τοῦ ἐν Ῥόδῳ (cod. Ῥόδου) ἀνακειμένου, ὅτι μέγιστός ἐστιν ἀνδριάς, χαλκὸν ἔχων πολὺν καὶ ἀξιοθαύμαστον θέαμα.

ζ' ἐστὶ δὲ καὶ ὁ ἐν Ἐφέσῳ ναὸς τῆς Ἀρτέμηδος.

b) Ὁ θεῖος Γρηγόριος περὶ θεαμάτων βούλεται ἡμῖν εἰπεῖν ἐνταῦθα·

αἱ δὲ Θῆβαι (cod. πύλαι) αἱ ἑπτάπυλοί (cod. ἑπτάτυ-

2. Es gibt auch das ägyptische Theben, das Hunderttorige; es war einst das größte, so daß es hundert Tore hatte.
3. Die Mauern in Babylon, die Semiramis aus gebranntem Ziegel und Asphalt errichtete; sie hatten einen Umfang von 420 Stadien und eine große Höhe.
4. Das Grab des Karers Mausolos ist ebenfalls sehr groß: Mausolos war der Tyrann Kariens; er errichte für sich selbst ein ganz aufwendiges Grab auf einem Hügel in einem stehenden See; innen lag das Grab. Man schreibt »Karisches Grab«, um die Besitzanzeige, oder aber »Karer«, um die Herkunft vom Karer Mausolos deutlich zu machen.
5. In Ägypten gibt es Pyramiden, ganz aufwendig errichtet und ebenfalls besichtigenswert, von denen die Christen sagen, sie seien die Scheuern des Joseph, die Griechen aber, sie seien Gräber gewisser Könige; zu diesen (Griechen) zählt auch Herodot (2, 124); wahrscheinlich schufen die Griechen sie sich erst nach der Zeit Josephs und nach dem Exodus Israels als Gräber für Könige. Von der einen größten ist nämlich die Höhe 400 Ellen.
6. Über das Standbild in Kolossai (!) wird gesprochen, das in Rhodos liegt, da es das größte Standbild ist, viel Bronze hat und ein bewundernswertes Schaustück ist.
7. Es gibt auch den Tempel der Artemis in Ephesos.

b) Der göttliche Gregorios will uns über die Sieben Schaustücke hier (folgendes) sagen:

Das siebentorige Theben ist das in Griechenland, das

ποί) εἰσι τῆς Ἑλλάδος, αἱ ὑπὸ Ἀμφίωνος καὶ Ζήθου κτισθεῖσαι διὰ κιθάρας.

αἱ δὲ Αἰγύπτιαι Θῆβαί εἰσιν ἑκατοντάπυλοι· μεγίστη δὲ Θήβη (cod. πύλη) γέγονεν, καὶ οὕτω μεγίστη ὥστε ἑκατὸν ἔχειν πύλας.

τὰ δὲ τείχη τὰ Βαβυλώνια λέγεται εἶναι ἰσχυρότατα· ἀπὸ γὰρ πλίνθου ὀπτῆς καὶ ἀσφάλτου λυομένης ἐκτίσθησαν, εἶχεν δὲ περιβόλους σ' καὶ τὸ μῆκος τῶν τειχῶν πηχῶν ρν' τὸ ὕψος· τὸ πλάτος δὲ πηχῶν ν'.

ὁ δὲ Μαυσώλου τοῦ Καρὸς τάφος καὶ αὐτὸς μέγιστός ἐστι. Μαύσωλος γὰρ Καρίας γέγονε τύραννος· ὃς ἔκτισεν ἑαυτῷ τάφον πολυανάλωτον, ἐν χώματί τινι καὶ ἐν λιμναζούσῃ λίμνῃ ἔνδον κειμένου τοῦ τάφου.

αἱ δὲ πυραμίδες καὶ αὗται θεάματος ἄξιαι.

13. Scholia Alexandrina zu Gregorios' Reden, 1. Hälfte 6. Jh. n. Chr.

Turin, Codex Taurinensis B I 4, fol. 35ᵛ
und Florenz, Codex Laurentianus VII 8, fol. 265ʳ (L)

a) Σχόλιον περὶ τῶν ἑπτὰ (L: ζ') θεαμάτων

α' ὁ ἐν Ἐφέσῳ (L: τῆς) Ἀρτέμιδος ναός

β' ὁ ἐν Ἤλιδι παρὰ τῷ Ἀλφειῷ ὁλοσφύρητος (L: ὁλοσφύριτος) χρυσοῦς (L: χρυσοῦ) Ζεύς, ἑκκαιδεκάπηχυς (L: ἑξκαιδεκάπηχυς), οὗ Ἤλιοι ἀπιστοῦντες τὴν πτέρναν διέτρησαν (L: διετήρησαν).

γ' τὰ ἐν Βαβυλῶνι τείχη, ἃ Σεμίραμις κατεσκεύασεν ἐξ ὀπτῆς πλήνθου καὶ ἀσφάλτου, σταδίων τὸ περίμετ-

von Amphion und Zethos mit der Kithara erbaut wurde (s. o.).

Das ägyptische Theben ist das Hunderttorige; es war einst das größte, und zwar so groß, daß es hundert Tore hatte.

Die Mauern sind die babylonischen, die die stärksten sein sollen, denn sie wurden aus gebranntem Ziegel und aufgelöstem Asphalt errichtet; sie hatten einen Umfang von 200, und die Höhe der Mauern betrug 150 Ellen und ihre Breite 50 Ellen.

Das Grab des Karers Mausolos ist ebenfalls sehr groß: Mausolos war der Tyrann Kariens; er errichte für sich selbst ein ganz aufwendiges Grab auf einem Hügel in einem stehenden See; innen lag das Grab.

Die Pyramiden sind ebenfalls besichtigenswert.

13.

a) Scholion über die Sieben Weltwunder

1. In Ephesos der Tempel der Artemis.
2. In Elis am Alpheios(-Fluß) der hammergetriebene goldene Zeus, 16-ellig, dem die ungläubigen Eleier die Ferse durchbohrten (L: genau untersuchten).
3. In Babylon die Mauern, die Semiramis errichtete aus gebranntem Ziegel und Asphalt, im Umfang 400 Stadien, wobei die Breite der Mauer 80 Ellen beträgt.

ϱον υ’ (L: τετϱακοσίων), ὧν τὸ πλάτος τοῦ τείχους πηχῶν π’.

δ’ αἱ ἐν Αἰγύπτῳ πυϱαμίδες, ὧν τῆς μεγίστης τὸ ὕψος πηχῶν υ’.

ε’ τὰ Κύϱϱου (L: Κύϱου) βασίλεια ἐν Πεϱγάμοις.

ϛ’ ἡ Φειδίου Ἀθηνᾶ ἐν Ἀθήναις, κατεσκευασμένη ἐξ ἐλέφαντος καὶ χϱυσοῦ.

ζ’ ὁ ἐν Ῥόδῳ Κολοσσὸς πηχῶν ξ’, χαλκοῦς, ὃς εἱστήκει ἐπὶ Τιβερίου Καίσαϱος, κατὰ Ἀϱιστοτέλην πηχῶν ιθ’ (L: αχ’).

b) Καὶ καθ’ ἑτέϱους

α’ ὁ ἐν Ἐφέσῳ ναός

β’ τὰ ἐν Βαβυλῶνι τείχη

γ’ αἱ πυϱαμίδες

δ’ ὁ ἐν Ὀλυμπίᾳ Ζεὺς ἐκ χϱυσοῦ καὶ ἐλέφαντος, καθήμενος ἐπὶ θϱόνου, πηχῶν ϱ’.

ε’ ἡ ἐν Ἀθήναις Ἀθηνᾶ.

ϛ’ τὸ ἐν Ἁλικαϱνασῷ Μαυσωλεῖον.

ζ’ τὰ ἐν Αἰγύπτῳ (L: Αἴγυπτον) κατὰ Διόσπολιν τῆς Θηβαΐδος Μεμνώνεια, κάτω ᾠκοδομημένα ἐκ πυϱϱοποικίλου λίθου καὶ μέλανος, τοῖς μεγέθεσι τινὰ μὲν ὥσπεϱ (L: ὡς ἐπὶ) τὸ πολὺ πηχῶν σ’, τὰ δὲ ἐλάχιστα (L: τὸ δὲ ἐλάχιστον) πηχῶν ϱ’. αὐτοῦ δὲ τοῦ Μέμνονος εἰκὼν ἐκ πυϱϱοποικίλου λίθου πηχῶν π’, ὁ δὲ ὄνυξ τοῦ μεγάλου δακτύλου τοῦ ποδὸς παλαιστῶν δ’. μονόλιθος οἶκος ἑπτάκλινος ἐκ λίθου ἀλαβαστϱίνου (L: ἀλαβαστϱίτου).

4. In Ägypten die Pyramiden, von denen die größte 400 Ellen hoch ist.
5. Der Palast des Kyros in Pergamon (!).
6. Die Athene des Phidias in Athen, die aus Elfenbein und Gold hergestellt ist.
7. In Rhodos der Koloß, 60 Ellen (hoch), aus Bronze, der noch zur Zeit des Kaisers Tiberius stand, nach Aristoteles (Frg. f. 20 Rose) 19 (L: 1600) Ellen.

b) Nach anderen:

1. In Ephesos der Tempel.
2. In Babylon die Mauern.
3. Die Pyramiden.
4. In Olympia der Zeus, aus Gold und Elfenbein, auf dem Thron sitzend, 100 Fuß (hoch).
5. In Athen die Athene.
6. In Halikarnaß das Mausoleion.
7. In Ägypten bei Diospolis in der Thebais die Memnoneia, unten errichtet aus rotgesprenkeltem und schwarzem Stein, in der Höhe manche insgesamt 200 Ellen, mindestens aber 100 Ellen. Das Bild des Memnon selbst ist aus rotgesprenkeltem Stein von 80 Ellen (Höhe), der Nagel des großen Zehs am Fuß 4 Handbreit. (Ferner) ein Haus aus einem Monolithen mit sieben Liegen aus Alabasterstein.

14. Scholia Alexandrina zu Gregorios' Reden, Kurzfassung
Florenz, Codex Laurentianus IV 13, fol. 54^v (Basilius Minimus zugeschrieben); b auch München, Codex Monacensis graecus 204, fol. 50^v (vgl. Codex Monacensis graecus 499, fol. 94^v: M).

a)
Τὰ ζ' θεάματα
ὁ ἐν Ἐφέσῳ τῆς Ἀρτέμιδος ναός
τὰ Βαβυλωνέϊα τείχη, ἃ Σεμίραμις κατεσκεύασεν ἐξ ὀπτῆς πλίνθου καὶ ἀσφάλτου, περίμετρον σταδίων υ', πλάτος τοῦ τείχους πηχῶν π'.
αἱ ἐν Αἰγύπτῳ πυραμίδες, ὧν τὸ τῆς μεγίστης ὕψος πηχῶν υ'.
τὰ Κύρου βασίλεια ἐν Περγάμοις.
ὁ ἐν Ῥόδῳ Κολοσσὸς χαλκοῦς, πηχῶν ξ', κατ' Ἀριστοτέλην χ'.
ὁ τοῦ Καρὸς Μαυσώλου τάφος.
αἱ Αἰγύπτιαι Θῆβαι.
τὰ ἑπτὰ ἐν τούτοις ἀπαριθμεῖ τὰ θεάματα.

b)
Ἐπὶ τούτοις οὖν τὰ ἕτερα δύο αἰνίττεται τῶν θαυμαζομένων, τό τε Καπιτώλιον (M: τὸ Καπετώλιον) Ῥώμης καὶ τὸ Ἀδριανοῦ ἱερὸν Κυζίκου (M: ἐν Κυζίκῳ).

14.

a)
Die 7 Schaustücke
In Ephesos der Tempel der Artemis.
Die babylonischen Mauern, die Semiramis errichtete aus gebranntem Ziegel und Asphalt, im Umfang 400 Stadien, in der Breite der Mauer 80 Ellen.
In Ägypten die Pyramiden, von denen die größte 400 Ellen hoch ist.
Der Palast des Kyros in Pergamon (!).
In Rhodos der Koloß aus Bronze, 60 Ellen (hoch), nach Aristoteles (Frg. f. 20 Rose) 600.
Das Grab der Karers Mausolos.
Das ägyptische Theben.
Er zählt hier also die Sieben Schaustücke auf.

b)
Dazu deutet er noch die beiden übrigen Wunder an, das Kapitol von Rom und das Heiligtum des Hadrian in Kyzikos.

15. Gregorius von Tours, 540-594
De cursu stellarum (Über den Lauf der Sterne) 1 ff.

Plerique philosophorum, dum studiis litterarum vacant, quasi plus ceteris septem scripsere miracula, ex quibus mihi quaedam praemittere et alia plus admiranda libuit memorare, quorum haec habentur vel formae vel opera:

primum ergo miraculum ponimus *Noe arcam*, quae Domini ore, qualis fierit, est mandata; cuius lungitudo trecentorum, latitudo quinquagenta, altitudo tregenta cubitorum est habita. quam arcam bicamaratam et tricamaratam legimus. cuius omne opus in cubito consumatum est. fenestram sive ostium a latere habuit. in eam enim de omnibus volatilibus caeli ac besteis terrae sive reptilibus cum hominibus octo ad reparatione mundi per inluviem cataclysmi genera reservata sunt.

secundum ponimus *Babiloniam*, cuius iuxta Horosium haec est expositio: »mira campi planitie undique conspicua, laetissima castrorum faciem, moenibus paribus per quadrum disposita; *murorum* eius vix credibilis relatu firmitas et magnitudo, latitudine cubitorum L, altitudine quater tantum. ceterum ambitus eius CCCCLXX stadiis circumvenitur; murus coctili e lapide adque infusu bitumine conpactus; a fronte murorum centum portae aereae. ipsa autem longitudo in consumatione pinnarum

15.

Die meisten Philosophen haben, wenn sie vom Studium der Literatur frei waren, gleichsam mehr als anderes die Sieben Wunder beschrieben, von denen ich manche auslassen und andere, mehr zu bewundernde anführen will, deren Gestalten oder Ausarbeitung folgendermaßen sind:

Als erstes Wunder stellen wir die Arche Noah hin, bei der durch das Wort des Herrn befohlen wurde, wie sie werden sollte (1. Mose 6, 14 ff.): Ihre Länge wurde zu dreihundert, ihre Breite zu fünfzig, ihre Höhe zu dreißig Ellen gemacht. Wir lesen, daß diese Arche zwei und drei Kammern hatte. Und die gesamte Arbeit wurde auf die Elle genau vollendet. Sie hatte ein Fenster oder eine Öffnung an der Seite. In ihr wurden von allen Vögeln des Himmels und Tieren der Erde oder den Würmern mit acht Menschen zur Wiederherstellung der Welt durch den Einbruch der Sintflut die Arten bewahrt.

Als zweites stellen wir Babylonien hin, dessen Beschreibung nach Orosius (2, 6, 8) folgende ist: »Wunderbar wegen der Ebene von überallher sichtbar, war es herrlich in Gestalt eines Lagers mit gleichen Mauern als Quadrat angelegt. Seine Mauern waren von einer beim Bericht kaum glaubwürdigen Größe, mit einer Breite von 50 Ellen und einer viermal so großen Höhe. Im übrigen betrug ihr Umfang 470 Stadien. Die Mauer war aus gebranntem Ziegelstein und dazwischen gegossenem Asphalt zusammengefügt, an der Stirnseite der Mauer waren hundert bronzene Tore. Dieselbe Länge hat sie in

utroque latere habitaculis defensorum aeque dispositis, media intercapidine vicinas quatrigas capit, domos intrinsecus quater geminae, habitationes minaci proceritate mirabiles.« haec prima post humani generis reparatione a Nebroth gigante condita est.

tertium est *templum Salomonis*, qui non tantum in magnitudine fabricae, quantum in ornamentis miraculum fuit: »aedificavit parietis domus intrinsecus tabolatis cedrinis a pavimento domus usque ad summitatem parietum et usque ad laquearia, operuitque lignis intrinsecus et texuit pavimentum domus tabulis abiegnis. aedificavitque XX cubitorum ad posteriorem partem templi tabolata cedrina a pavimento usque ad superiora et fecit interiorem domum oraculi in sancta sanctorum. porro XL cubitorum erat ipsum templum pro foribus oraculi, et cedro omnis domus intrinsecus vestiebatur, habens tornaturas et iuncturas suas fabricatas et celaturas eminentes; omnia cedrinis tabulis vestiebantur, nec omnino lapis apparere poterat in pariete. oraculum autem in medio domus interiore fecerat, ut poneret ibi arcam federis Domini. porro autem oraculum habebat XX cubitos longitudinis et vigenti cubitos latitudinis operuitque illud adque vestivit auro purissimo; sed et altare vestivit cedro. domum quoque ante altare operuit auro purissimo et adfixit laminas clavis aureis. nihilque erat in

der Höhe der Zinnen, und obwohl auf beiden Seiten Unterkünfte für die Verteidiger gleichmäßig angeordnet sind, bietet sie im dazwischen liegenden Raum zwei Viergespannen nebeneinander Raum. Die Häuser im Inneren mit je vier Wohnungen waren bewundernswert durch ihre ragende Höhe.« Diese Stadt wurde als erste nach der Wiederherstellung des Menschengeschlechts vom Giganten Nebroth gegründet.

Das dritte ist der Tempel des Salomon, der nicht so sehr in der Größe seines Baus als in seinem Bauschmuck ein Wunder war (1. Könige 6, 15 ff.): »Er baute die Wände des Hauses innen aus Brettern von Zedernholz vom Boden des Hauses bis oben an die Wände und bis an die Decke, und täfelte es innen mit Holz, und den Boden des Hauses täfelte er mit Brettern von Zypressenholz. Und er baute 20 Ellen von der Rückseite des Hauses entfernt eine Wand aus zedernen Brettern vom Boden bis an die Decke und baute so im Innern den Chorraum in das Allerheiligste. Die Tempelhalle vor dem Chorraum war 40 Ellen lang, und innen war das ganze Haus mit Zedernholz verkleidet und hatte gedrechselte Knoten und weit erhabenen Bauschmuck; alles war mit zedernen Brettern verkleidet, und so konnte überhaupt kein Stein an der Wand erscheinen. Den Chorraum machte er im Innern des Hauses, damit man die Lade des Bundes des Herrn dahin stellte. Und der Chorraum war 20 Ellen lang und zwanzig Ellen breit. Er bedeckte und überzog ihn mit lauterem Gold; auch verkleidete er den Altar mit Zedernholz. Und er überzog das Haus vor dem Altar mit lauterem Gold und brachte die Bretter mit goldenen Nägeln an. Nichts gab es im Tempel, was nicht von Gold

templum quod non auro tegeretur; et totum altare oraculi texit auro. et fecit in oraculo duo Chaerubin de lignis olivarum decem cubitorum altitudinis; quinque cubitorum ala Chaerubin una, id est decem cubitos habentes a summitatem alae usque ad alae alterius summitate. decim quoque cubitorum erat Chaerubin secundus mensuram parem, posuitque Chaerubin in medio templi interioris texitque eos auro. et omnes parietes templi per circuitum scalpsit et variis celaturis et turno et fecit in eis Chaerubin et palmas et picturas varias quasi prominentes de pariete et egredientes, sed et pavimentum domus texit auro intrinsecus et extrinsecus. et in ingressum oraculi fecit ostiola de lignis olivarum, postes quadrangulorum quinque et duo ostia de lignis olivarum, et sculpsit in eis pictura Chaerubin et palmarum species et anaclifa valde prominentia et texit ea auro. fecitque introitum templi postes de lignis olivarum quadrangulatos et duo ostia de lignis abiegnis altrensecus; utrumque ostium duplex erat et se invicem tenens operiebatur. et sculpsit Chaerubin et palmas et celaturas valde eminentes.« multa quidem et alia inibi fecit admirabilia, quae prosequi longum videtur.

quartum est *sepulchrum* regis Persici ex uno lapide amisto cavato miroque opere sculptum ac interrasile et extrinsecus habens effigies hominum, bistiarum seu avium in foris prominentes; arbores quoque sculptas habet cum foliis et pomis opere celato.

bedeckt war, auch den ganzen Altar des Chorraums überzog er mit Gold. Er machte im Chorraum zwei Cherubim aus Ölbaumholz, zehn Ellen hoch. Fünf Ellen hatte ein Flügel eines jeden Cherubs, so daß zehn Ellen waren von dem Ende seines einen Flügels bis zum Ende seines andern Flügels. So hatte auch der andere Cherub das gleiche Maß von zehn Ellen. Und er stellte die Cherubim mitten hinein in den Tempel und überzog sie mit Gold. Alle Wände des Tempels verzierte er ringsum mit Schnitzwerk durch verschiedenen Bauschmuck und Drechselarbeiten, und machte in ihnen Cherubim, Palmen und verschiedene Bildnisse, die gleichsam aus der Wand herausragen und heraustreten. Auch überzog er den Boden mit Gold innen und außen. Und am Eingang des Chorraums machte er Türen aus Ölbaumholz, fünf viereckige Pfosten und zwei Türflügel aus Ölbaumholz und ließ Schnitzwerk darauf machen von Cherubim und Palmenarten und weit hervorragende Reliefs und überzog sie mit Gold. Ebenso machte er auch am Eingang des Tempels viereckige Pfosten von Ölbaumholz und zwei Türen von Zypressenholz beiderseits; jede Tür hatte zwei Flügel und ließ sich abwechselnd gehalten öffnen; und er machte Schnitzwerk darauf von Cherubim, Palmen und weit herausragenden Bauschmuck.« Viel anderes Bewundernswertes schuf er noch darin, was zu behandeln zu lang erscheint.

Das vierte ist das Grab eines Perserkönigs, das durch Aushöhlung eines Amethyst-Steins entstanden und wunderbar plastisch und durchbrochen gearbeitet ist; außen hat es Bilder von Menschen, Tieren oder Vögeln, die weit herausragen; auch hat es geschnitzte Bäume mit Blättern und Früchten.

quintum est statua *colossi Rodo* insolae collocata ex aere fusile, cuius tam inmensa est altitudo, ut vix lapidem capiti eius aliquis possit inicere, et deaurata est. ferunt quoque multi, per tibiam eius usque ad capud hominem posse ascendere, si aditum unde ingrederetur haberet; adserunt etiam, capud huius statuae recipere posse tritici choros duos et viginti.

sextum est *theatrum quod in Eraclea* habetur ex uno monte factum, ita ut omne ex uno latere sit expletum, tam extrinsecus parietes quam intrinsecus arcus, foveae, gradus, sedilia; et omne opus eius ex lapide uno conpletum est. est autem marmore Heracleo vestitum.

septimum est *pharus Alexandrina*, quae super quattuor mirae magnitudinis cancros constructa habetur; nec enim hi parvi esse poterant, qui tam inmensum sustinent vel altitudinis vel latitudinis pondus. nam ferunt, super unum quemque brachium cancri si homo extensus iaceat, eum operire non possit. pharus autem iste, datis de publico paleis, nocte succenditur, scilicet ut nocturno tempore errantes nautae vento vel imbre, si stellas videre non potuerint, sciant, qua parte dirigant vela.

sed ista, licet quaepiam iussionem Dei, quaepiam autem adinventionem humana constructa sint, ab hominibus tamen constat esse fundata, ideoque et quaedam deruerunt, quaedam autem ruinae sunt proxima …

Das fünfte ist die Statue des Kolosses, die auf der Insel Rhodos steht, aus Bronze gegossen, deren Höhe so riesig ist, daß kaum jemand einen Stein an sein Haupt werfen kann, und er ist vergoldet. Viele überliefern auch, daß ein Mensch durch dessen Schienbein bis zum Haupt hinaufsteigen kann, wenn er einen Eingang findet, von dem aus er einsteigen kann; sie behaupten überdies, daß das Haupt dieser Statue zweiundzwanzig Weizenmaße faßt.

Das sechste ist das Theater, das in Herakleia aus einem Bergfelsen gearbeitet ist, so daß alles aus einem einzigen Stein ausgeführt ist, außen die Wände ebenso wie innen die Bögen, Gänge, Treppen und Sitzreihen; ja, das ganze Werk ist aus einem einzigen Stein gearbeitet. Dabei ist es (nur) mit Marmor aus Herakleia verkleidet.

Das siebte ist der alexandrinische Pharos, der auf vier Krebsen von wundersamer Größe errichtet sein soll. Diese konnten freilich nicht klein sein, da sie ein so riesiges Gewicht in Höhe und Breite zu tragen hatten; man überliefert, daß ein Mensch, der sich über die Schere eines der Krebse ausgestreckt legt, diesen nicht abzudecken vermag. Dieser Leuchtturm wird nachts entzündet, wobei der Brennstoff aus öffentlichen Mitteln stammt, und zwar damit Seeleute, die zur Nachtzeit durch Wind oder Gewitter umherirren, wenn sie die Sterne nicht sehen können, wissen, wohin sie ihre Segel ausrichten müssen.

Doch jene Wunder, mögen auch manche auf Befehl Gottes, manche aber nach menschlichen Erfindungen errichtet sein, sind doch jedenfalls sicher von Menschen erbaut, und ebenso sind manche bereits vergangen, andere stehen kurz vor dem Zerfall ...

16. Ps.-Beda Venerabilis, 672-735
De septem miraculis huius mundi
(Über die Sieben Wunder dieser Welt)

Primum miraculum est *Capitolium Romae*, quae totius mundi civitatum civitas est. et ibi consecratio statuarum omnium gentium. quae statuae scripta nomina in pectore gentis, cuius imaginem tenebant, gestabant, et tintinnabulum in collo uniuscuiusque statuae erat; sacerdotes quoque die ac nocte semper vigilantes eas custodiebant. et quae gens in rebellionem consurgere conabatur contra Romanum imperium, statua illius gentis commovebatur, et tintinnabulum in collo eius resonabat, ita ut scriptum nomen continuo sacerdotes principibus deportarent, et ipsi absque mora exercitum ad reprimendam eamdem gentem dirigerent.

secundum est *Pharus Alexandrina*, quae super quatuor cancros vitreos passibus viginti sub mare fundatum est. quomodo tam magni cancri fusi sint, vel quomodo deportati in mare et non fracti, quomodo fundamenta caementicia super ipsos inhaerere potuerint, et sub aqua qualiter cementum stare potuerit, nunc cancri quare non franguntur, aut quare non lubricat desuper fundamentum, hoc magnum miraculum est, et quomodo factum sit ad intelligendum difficile.

tertium est *Colossi* in insula Rhodo imago aerea centum viginti quinque pedum fusilis facta. qualiter tam immensa moles fundi potuerit et erigi ut staret mirum

16.

Das erste Wunder ist das Kapitol von Rom, die Stadt der Städte der ganzen Welt. Auch gibt es dort eine Weihung von Statuen aller Völker. Diese Statuen trugen auf der Brust die Namen des Volkes geschrieben, dessen Abbild sie darstellten, und es gab eine Glocke am Hals einer jeden Statue. Priester bewachten sie Tag und Nacht. Und wenn ein Volk sich zu einem Aufstand gegen das Römische Reich zu erheben versuchte, dann bewegte sich die Statue jenes Volkes und die Glocke an ihrem Hals erklang, so daß sogleich die Priester die Namenstafel zu den Fürsten brachten, und diese ohne Verzögerung ein Heer zur Beschwichtigung jenes Volks entsenden konnten.

Der zweite ist der alexandrinische Pharos, der auf vier gläsernen Krebsen zwanzig Fuß unter dem Meer aufgebaut ist. Auf welche Weise die so großen Krebse gegossen sind, oder wie man sie ins Meer gebracht hat, ohne sie zu zerbrechen, wie man die Fundamente aus Zement über ihnen anbringen konnte und wie der Zement unter Wasser hart werden konnte, warum nun die Krebse nicht zerbrechen oder warum das Fundament oben nicht abgleitet, das alles ist ein großes Wunder, und wie es gemacht wurde, ist schwer zu verstehen.

Das dritte ist der Koloß auf der Insel Rhodos, ein bronzenes Standbild, hundertfünfundzwanzig Fuß (hoch), gegossen. Auf welche Weise eine so riesige Masse gegossen und zum Stand aufgerichtet werden konnte,

est; duodecim namque pedum altior est iste imago Colossi illa quae Romae est.

quartum est *simulachrum Bellerophontis* ferreum cum equo suo in Smyrna civitate. suspensum in aere sistit, nec cathenis suspenditur, nec subter ullo stipite sustinetur, sed magni lapides magnetum in arcubus supra habentur et hinc inde assumptionibus trahitur et in mensura aequiparata consistit. est autem aestimatio ponderis circa quinque milia librarum ferri.

quintum est *theatrum in Heraclea civitate*, de uno marmore ita sculptum ut omnes cellulae, mansiones, muri et antra bestiarum ex uno solo lapide conspiciantur, quod super semptem cancros, de ipso lapide sculptos, pendens sustinetur. et nemo intra ipsum tam secrete solus aut cum aliquo loqui potest, ut omnes ipsum non audiant, qui in gyro huius aedificii consistunt.

sextum est *balneum*, quod Apollo[nius] Tyanaeus cum una candela consecrationis incendit, et thermas perpetuo igne sine ulla administratione lignorum calefacit.

septimum est *templum Dianae*: super quatuor columnas prima fundamenta posita sunt arcuum, deinde paulatim succrescens, super quatuor arcus eminentiores lapides arcubus prioribus positi. super quatuor octo columnae et octo arcus porrecti, inde tertio ordine aequa ponderatione per quatuor partes succrescens semper eminentiores lapides positi. super octo sexdecim fundati sunt;

ist ein Wunder; denn dieses Koloß-Bild ist zwölf Fuß höher als das in Rom.

Das vierte ist das eiserne Götterbild des Bellerophon mit seinem Pferd in der Stadt Smyrna. Es schwebt in der Luft und ist weder an Ketten aufgehängt noch von unten durch irgendeine Stange gestützt; vielmehr sind große Magnetsteine in den Bögen über ihm, und von dort wird es durch die Anziehungskraft gezogen und bleibt in einem Gleichgewichtszustand in der Schwebe. Eine Schätzung seines Gewichts kommt auf etwa fünftausend Pfund Eisen.

Das fünfte ist das Theater in der Stadt Herakleia, das aus einem Marmor so ausgemeißelt ist, daß alle Kämmerchen, Aufenthaltsräume, Mauern und Tierverliese aus einem einzigen Stein zu sein erscheinen, der über sieben Krebsen, die aus demselben Stein gemeißelt sind, in der Schwebe gehalten wird. Und niemand kann darin für sich oder mit jemand anderem so heimlich sprechen, als daß nicht alle anderen ihn hören könnten, die sich im Kreis dieses Bauwerks aufhalten.

Das sechste ist das Bad, das Apollo[nius] von Tyana mit einer einzigen Weihekerze anzündete, was die Thermen mit einem ständigen Feuer ohne irgendeine Zufuhr von Brennholz erwärmt.

Das siebte ist der Tempel der Diana. Auf vier Säulen sind die ersten Fundamente für die Bögen gelegt, dann allmählich hinaufwachsend auf die vier Bögen höhere Steine, die auf den ersten Bögen ruhen. Auf diesen vier sind acht Säulen und acht Bögen errichtet, darauf in einer dritten Lage im Gleichgewicht durch vier Teile anwachsend immer höhere Steine gelegt. Auf acht liegen

super sexdecim triginta duo, iste ordo quartus est. in quinto ordine sexaginta quatuor columnae et arcus succrescunt; et super sexaginta quatuor centum viginti et octo columnae finem faciunt tam mirabilis aedificii.

17. Kosmas von Jerusalem, 1. Hälfte 8. Jh.
Kommentar zu den Epigrammen des Gregorios von Nazianz (hier zu Text 8)

Τεῖχός ἐστιν τὸ Βαβυλῶνος ὅπερ ἔφημεν ἐπίδρομον τοῖς ἅρμασι.

οἱ δέ φασι τὸ Ῥώμης Καπετώλιον· ἔστι γὰρ κτίσμα μέγα περιβόλοις συνεχόμενον ἐν ᾧ πλήθη ζωδίων ἐστίν, καὶ σημεῖον ἑκάστῳ τούτων ἦν ποτε· καὶ γάρ φασι κώδωνας ἐκ χειρὸς ἀποκρεμασθῆναι τούτων. ζῴδιον δὲ κατ' ἔθνος ἦν ἅπαν, ὅπερ φησὶν ἐσήμαινεν διὰ τοῦ κώδωνος τὴν οὗπερ εἰκονίζει κίνησιν ἐσθ' ὅτε πολεμικὴν ἔθνους· πολλὰ δὲ καὶ ἄλλα θαύματα ἄξια κατὰ Ῥώμην ἐστίν.

ἄλλοι δέ φασιν ἐν Ἡρακλείᾳ τυγχάνειν ἵδρυμά τι κατὰ ἀμφιθεάτρου, ἐν ᾧ καλλίστη μὲν καὶ θαυμασία τίς ἐστιν οἰκοδομή· ἔχει δέ τι καὶ πλέον· κατὰ γὰρ τὸ ἀκρότατον τῆς οἱασοῦν γωνίας τοῦ τείχους εἴ τις καθ' ἑαυτὸν τῷ λίθῳ μυστικῶς λόγον ἐπαφῇ, τὸν ἑτέρωθεν ἱστάμενον τηλαυγῶς ῥήματος ἀκροᾶσθαί φασιν.

ἄγαλμα δέ ἐστιν ὁ ἐν Κολοσσαῖς τῇ λεγομένῃ Ῥόδῳ χαλκὸς ἀνδριὰς ὃν ὑπερμεγέθη τυγχάνοντα καθεῖλον Ἀγαρηνοὶ γεγονότες αὐτοῦ· οὗτος δὲ ὀγδοηκοντάπηχυς ἐλέγετο εἶναι.

sechzehn, auf sechzehn zweiunddreißig, und dies ist die vierte Lage. In der fünften Lage stehen vierundsechzig Säulen und Bögen, und über den vierundsechzig machen hundertachtundzwanzig Säulen den Abschluß eines so wunderbaren Bauwerks.

17.

Die Mauer ist die von Babylon, auf der – wie gesagt – Wagen fahren können.

Manche aber nennen: das Kapitol von Rom. Dies ist eine große, von Mauern umgebene Anlage, in der eine Vielzahl von Figuren ist, von denen jede einst ein Abzeichen hatte; und man sagt, es seien Schellen an deren Händen gehangen. Für jedes Volk gab es eine Figur, die mit der Schelle angezeigt haben soll, wo eine gelegentliche Erhebung eines Volkes stattfand. Vieles anderes Bewundernswertes gibt es in Rom.

Andere sagen, daß es in Herakleia ein Bauwerk beim Amphitheater gebe, wo ein sehr schönes und wunderbares Gebäude stehe; ja noch mehr: Wenn jemand auf der Spitze irgendeines Winkels der Mauer dem Stein für sich heimlich ein Wort sage, dann höre ein anderswo weit entfernt stehender das Wort.

Das Standbild ist in Kolossai (!) auf der Rhodos genannten (Insel) die bronzene Statue, die übergroß war und die dann die Agarener abrissen, als sie über sie kamen; diese Statue soll achtzig Ellen gemessen haben.

κῆποι δέ εἰσιν Ἀλκινόου καὶ Ἀδώνιδος· Ἀλκίνοος δὲ τῶν Φαιάκων γέγονεν βασιλεύς, φιλόξενος καὶ λαμπρός τις τούς τε οἴκους καὶ κήπους καὶ τὰς εὐωχίας· ἡ γὰρ Ἀλκινόου πλουσία μάλιστα καὶ φιλότιμος τράπεζα.

πυραμίδες δὲ οἱ παρ' ἡμῶν λεγόμενοι τοῦ Ἰωσὴφ σιτοβολῶνες τῆς κατ' Αἴγυπτον Βαβυλῶνος μικροῦ διεστηκότες.

ναὸς δὲ ὁ ἐν Κυζίκοις τῇ πόλει· μέγας γὰρ οὗτος καὶ θαύματος ἄξιος, ὃς τῷ μὲν Ἀπόλλωνι πρότερον ἵδρυτο. ὑπ' αὐτοῦ δὲ προκεχρησμῴδηται Μαρίας ἔσεσθαι μετὰ ταῦτα, ἧς κέκληται καὶ ἔστιν.

ἠξίωσε δ' ἄν τις, εἰ μὴ νεώτερον οἴηται, τὸν ἐκ Κωνσταντινουπόλεως ναὸν τὸν πάλαι θαυμαστώτερον ὄντα θεαμάτων.

ἄγαλμα πάλιν ἐστὶν τὸ ἐν Σμύρνῃ τοῦ Βελλεροφόντου, ὅπερ ἐστὶν ἐπ' ὀχήματος ἐπὶ τὴν θάλασσαν προκύπτων τοῦ τείχους, ὅ τε Πήγασος ἵππος μικρὸν ὄπισθεν τοῦ ποδὸς κατεχόμενος, πολλάκις μὲν ἤρεμα σαλευούσης συνεπόμενος χειρὸς, προωθούμενος δὲ σὺν βίᾳ μένων πάγιος καὶ ἀκράδαντος.

τάφος δέ ἐστιν ὁ τοῦ Μαυσώλου ἐν Κάραις, περὶ οὗ νῦν εἰρήσεται πλατυτέρως.

πολλὰ δὲ καὶ ἄλλα νεώτερα καθέστηκεν, ἅτινα θαύματος ἀξιοῦσιν ἄνθρωποι· τάς τε ἑπταπύλους τῆς Ἑλλάδος ἃς Ἀμφίων καὶ Ζῆθος ᾠκοδόμησαν διὰ κιθάρας, καὶ τὰς Θῆβας ἑκατονταπύλους, καὶ τὸν Ἀλεξανδρείας Φάρον ἐπὶ τεσσάρων φάσκοντες ὑελίνων ἐστηρίχθαι παγούρων εἴ γε ἀληθῶς, καὶ τούτων ἄλλα τινὰ νεώτερα γέγονεν ἔν τε δομήσεσι καὶ ναοῖς

Die Gärten sind die des Alkinoos und des Adonis: Alkinoos war der König der Phäaken, gastfreundlich und glänzend mit seinen Häusern, Gärten und Gelagen; Alkinoos' Tafel war besonders reich und luxuriös.

Die Pyramiden sind die, die bei uns als Scheuern des Joseph bezeichnet werden, in Ägypten unweit von Babylon.

Der Tempel ist der in der Stadt Kyzikos, denn groß war dieser und bewundernswert. Früher war er dem Apollon geweiht, von dem aber geweissagt wurde, daß er später der Maria geweiht sein werde – was jetzt in Namen und Tatsachen zutrifft.

Mancher könnte postulieren – wenn er damit nicht etwas allzu Neues meinte -, daß der Tempel von Konstantinopel (die Hagia Sophia) das bei weitem bewundernswürdigste Schaustück ist.

Das andere Standbild ist das des Bellerophon in Smyrna, das auf einem Wagen über die Mauer hinaus aufs Meer vorragt; das Pferd Pegasus wird ein wenig hinten am Fuß festgehalten, das oft der sanft schüttelnden Hand folgte, aber wenn es mit Gewalt vorangestoßen wurde, fest und unbeweglich blieb.

Das Grab ist das des Mausolos in Karien, über das ich noch ausführlicher sprechen werde.

Viel anderes Neueres gibt es, was die Menschen für bewundernswert halten: Das siebentorige (Theben) in Griechenland, das Amphion und Zethos mit der Kithara erbauten (s. Text 12a), das Hunderttorige Theben, den Pharos von Alexandria, der auf vier gläsernen Krebsen stehen soll, wenn's denn wahr ist. Und noch andere neuere als diese gab es in Häusern und Tempeln, die

ἀγάλμασι καὶ περιβόλοις καὶ λοετροῖς καὶ φοροστασίοις καὶ πράγμασι διαφόροις.

18. Septem Mira, um 850

Rom, Codex Vaticanus latinus 4929, fol. 149[v] (*s. Abb. 3, S. 64*) (die Randglossen sind in geschweiften Klammern wiedergegeben)

I Aedis Dianae Epheso quam constituit Amazon.

II mausolaeum in Caria altu(m) ped(es) CLXXX, et in circuitu ped(es) CCCC. Ibi est sepulcru(m) regis lapide lychnite.

III colossus Rhodi altus ped(es) CV.

IIII Iovis Olympi factus a Phidia ex ebore et auro ped(es) C.

V domus regia in Ecbatanis quam Memnon aedificavit lapidibus candidis et variis auro vinctis.

VI murus Babylonis latere cocto sulphure et ferro vinctus, latus ped(es) XXV {XXXII}, altus ped(es) LXXV {L cub(itos)}, in circuitu stadiis DCCC {CCCLXVIII}. Hunc regina Semiramis aedificavit. {pensiles etiam (h)orti super arcem ipsius urbis aequantes altitudinem muri pro miraculo habentur.}

VII pyramides in Aegypto latae et altae ped(es) DC.

durch Standbilder, Umfassungsmauern, Bäder, Sockel und verschiedenes andere ausgezeichnet waren.

18.

1. Der Tempel der Diana in Ephesos, den eine Amazone baute.
2. Das Mausoleum in Karien, 180 Fuß hoch, und im Umfang 400 Fuß. Dort ist ein Königsgrab aus leuchtendem Stein.
3. Der Koloß von Rhodos, 105 Fuß hoch.
4. Der des olympischen Jupiter, hergestellt von Phidias aus Elfenbein und Gold, 100 Fuß (hoch).
5. Der Königspalast in Ekbatana, den Memnon aus weißen und bunten Steinen mit Auflagen aus Gold baute.
6. Die Mauer von Babylon aus gebranntem Ziegel, Schwefel und Eisen verbunden, 25 {32} Fuß breit, 75 Fuß {50 Ellen} hoch, im Umfang 800 {368} Stadien. Diese erbaute Königin Semiramis. {Auch die Hängenden Gärten über der Burg derselben Stadt von gleicher Höhe wie die Mauer werden als Wunder angesehen.}
7. Die Pyramiden in Ägypten, 600 Fuß hoch und breit.

19. lemmatista Palatini, um 980
Kommentar zu den Epigrammen des Gregorios (hier zu Text 8); Heidelberg, Codex Palatinus graecus 23, p. 350

Θαυμαστόν· περὶ τῶν ζ' θεαμάτων·

πρῶτον τεῖχος τὸ ἐν Βαβυλῶνι Σεμιράμεως
β' ὁ ἐν Ὀλυμπίᾳ Ζεῦς χρυσοῦς σφυρήλατος
γ' Αἰγύπτου πυραμίδες
δ' οἱ ἐν Κολόσσαις κῆποι
ε' ὁ ἐν Ἐφέσῳ ναὸς τῆς Ἀρτέμιδος
ϛ' ὁ ἐν Ῥόδῳ κολοσσός
ζ' ὁ Μαυσολοῦ τάφος

20. Niketas von Herakleia, um 1050 – nach 1117
Kommentar zu den Reden des Gregor von Nazianz, Frg. 67 (hier zu Text 9; vgl. Text 12)

Περὶ τῶν ἑπτὰ θεαμάτων
ταῦτα δὲ ἔστιν·

ἓν μὲν αἱ ἐν Αἰγύπτῳ Θῆβαι καὶ οὐχὶ κατὰ τὰς ἐν Ἑλλάδος ἑπτάπυλοι, αἳ ὑπὸ Ἀμφίωνος καὶ Ζήθου κτισθῆσαι, διὰ κιθάρας, ἀλλ' ἑκατοντάπυλοι τείχη ἔχουσαι, περιβαλλῆ καὶ ἀξιωθαύμαστα.

δεύτερον δὲ τὰ Βαβυλώνια τείχη, ἃ Σεμίραμις κατεσκεύασεν ἐξ ὀπτῆς πλίνθου καὶ ἀσφάλτου, περίμετρον ἔχουσα σταδίων τριακοσίων, πλάτος τοῦ τείχους πηχῶν ὀγδοήκοντα.

τρίτον ὁ ἐν Καισαρείᾳ τάφος, ὃν Μαύσωλος ὁ τῆς χώρας δυνάστης μέγιστον καὶ ποικίλον καὶ πολυτε-

19.

Wunder – (Es geht) um die Sieben Schaustücke:

Erstens die Mauer der Semiramis in Babylon.
2. Der Zeus in Olympia aus Gold mit dem Hammer getrieben.
3. Die Pyramiden von Ägypten.
4. Die Gärten in Kolossai.
5. Der Tempel der Artemis in Ephesos.
6. Der Koloß in Rhodos.
7. Das Grab des Mausolos.

20.

Über die Sieben Schaustücke
Die folgenden sind es:

Eines ist das Theben in Ägypten und nicht das Siebentorige in Griechenland, das von Amphion und Zethos mit der Kithara erbaut wurde (s. Text 12a), sondern das Hunderttorige, das ringsum staunenswerte Mauern hat.

Das zweite sind die babylonischen Mauern, die Semiramis errichtete aus gebranntem Ziegel und Asphalt, die einen Umfang von dreihundert Stadien haben, und die Breite der Mauer beträgt achtzig Ellen.

Das dritte ist das Grab in Kaisareia (!), das Mausolos, der Herrscher des Landes, als größtes, buntes und präch-

λέστατον ἑαυτῷ κατεσκεύασεν ἐν χώματί τινι καὶ ἐν λιμναζούσῃ λίμνῃ ἔνδον κειμένου τοῦ τάφου, γράφεται δὲ ὃν κάρικος τάφος, ἵνα ᾖ κτητικός, γράφεται δὲ καὶ καρὸς, ἵνα ᾖ ἐθνικὸν τοῦ Μαυσώλου τοῦ Καρός.

τέταρτον αἱ πυραμίδες, οἰκοδομήματα τινὰ ἐν Αἰγύπτῳ, θεάματος ἄξια καὶ πολυανάλωτα ὄντα, κατὰ μέν τινας ὑπὸ Ἰωσήφ εἰς σιτοδοχεῖα πάνυ καλῶς κατασκευασθέντα καὶ λεγόμενα ὡρεῖα τοῦ Ἰωσήφ, κατὰ δὲ Ἕλληνάς τινας εἰς μνημάτων βασιλέων χώραν γενόμενα, ὧν εἷς ἐστὶ καὶ Ἡρόδοτος. εἰκὸς γὰρ εἶπε ὅτι μετὰ τοὺς χρόνους τῆς τελευτῆς τοῦ Ἰωσήφ καὶ τὴν ἔξοδον τοῦ Ἰσραήλ ἐποιήσαντο ταῦτα τοὺς τάφους τῶν βασιλέων οἱ Ἕλληνες. εἶναι δὲ μέχρι τινός φασι πυραμίδες ἐν Αἰγύπτῳ μικράς τε καὶ μεγίστας.

πέμπτον ὁ ἐν Ῥόδῳ Κολοσσός, εἴδωλον Ἀπόλλωνος ἁπάντων μέγιστον καὶ ἀξιοθαύμαστον. τινὲς δέ φασι κίονα τοῦτον εἶναι χαλκοῦν καὶ μεγέθη πάνυ ὑψηλόν, πηχῶν κατὰ Ἀριστοτέλην ἑξακοσίων.

ἐπὶ τούτοις ἕκτον ἐν κόσμῳ θέαμα τὸ Καπιτώλιον Ῥώμης.

ἕβδομον δὲ τὸ τοῦ Ἀδριανοῦ ἱερὸν ἐν Κυζίκῳ.

tigstes auf einem Hügel in einem stehenden See für sich errichtete; innen lag das Grab. Man schreibt »Karisches Grab«, um die Besitzanzeige, oder aber »Karer«, um die Herkunft vom Karer Mausolos deutlich zu machen.

Das vierte sind die Pyramiden, Bauwerke in Ägypten, besichtigenswert und sehr aufwendig. Nach manchen wurden sie von Joseph ganz klug als Vorratsbauten angelegt und deshalb als Scheuern des Joseph bezeichnet. Nach gewissen Griechen waren sie aber Denkmale für Könige; zu diesen (Griechen) zählt auch Herodot (2, 124). Er sagte, es sei wahrscheinlich, daß erst nach der Zeit von Josephs Tod und nach dem Exodus Israels die Griechen jene Gräber der Könige errichtet hätten. Es heißt, es habe eine Zeitlang in Ägypten kleine und sehr große Pyramiden gegeben.

Das fünfte ist in Rhodos der Koloß, ein Abbild des Apollon (!), und zwar das allergrößte und besonders bewundernswerte. Manche sagen, dies sei eine bronzene Säule von ganz großer Höhe, nach Aristoteles (Frg. f. 20 Rose) von sechshundert Ellen.

Dazu das sechste Wunder auf der Welt: das Kapitol von Rom,

und das siebte der Hadrians-Tempel in Kyzikos.

21. Georgios Kedrenos, 12. Jh.
Synopsis Historion (Synopse der Geschichte) I p. 299 Bp

Ὅτι τὰ λεγόμενα ἑπτὰ θεάματα ἐστὶ ταῦτα·

κενὸν φρύαγμα τῶν πάλαι πυραμίδες
Αἴγυπτος ἅσπερ εἶχε κόμπον ἡ πλάνος,
καὶ πύργος ἄστροις ἐξισούμενος Φάρου.
μέγας κολοσσὸς ὁ θρυλούμενος Ῥόδου
καὶ Κυζίκου φέριστος ἀρραγὴς δόμος.
τῆς Ἀρτέμιδος τῆς Ἐφεσίας δόμος.
καὶ τύμβος ἐξάκουστος ὁ τοῦ Μαυσώλου,
τὸν ὅνπερ ἐξήγειρεν Ἀρτεμισία,
ἡ Μαυσώλου τάλαινα σύζυγος πάλαι.
καὶ τὸ θέατρον Λυκίας τῆς τῶν Μύρων,
ὅπερ κατεσπάραξεν Ἰσμαήλ γόνος.
καὶ Ῥουφίνιον ἄλσος ἐν τῷ Περγάμῳ,
οὗπερ τὸ κάλλος πᾶσαν ἔδραμε χθόνα.

22. Zwei anonyme Listen, 13. Jh.
Mailand, Codex Ambrosianus graecus 886, fol. 180[v] und Wien, Codex Vindobonensis phil. gr. 178, fol. 44[v] (wo fehlt, was hier in geschweiften Klammern steht)

a) {Τίνα τὰ τοῖς παλαιοῖς θρυλλούμενα ἑπτὰ θεάματα·}
{πρῶτον θέαμα} τὸ Καπιτώλιον Ῥώμης.
{δεύτερον θέαμα} ὁ Φάρος Ἀλεξανδρείας
{τρίτον θέαμα} ὁ περίβολος Καισαρείας.

21.

Die sogenannten Sieben Schaustücke sind folgende:

Zum eitlen Gepränge der Alten hatte Pyramiden
Ägypten, welche das überstolze Land zur Prahlerei hatte,
und den Turm Pharos, den Sternen angeglichen.
Der große Koloß, der berühmte, von Rhodos
und Kyzikos' bestes ungefugtes Haus.
Der Artemis, der ephesischen, Haus.
Und das berühmte Grab des Mausolos,
das welches Artemisia errichtete,
die unglückliche einstige Gattin des Mausolos
und das Theater von Lykien in Myra,
das erst zerstörte Ismaels Nachkommenschaft.
Und der rufinische Hain in Pergamon,
dessen Schönheit das ganze Land durcheilte.

22.

a) Welches waren für die Alten die berühmten Sieben Schaustücke?
{Das erste Schaustück} das Kapitol von Rom.
{Das zweite Schaustück} der Pharos von Alexandria.
{Das dritte Schaustück} die Ringmauer von Kaisareia.
{Das vierte Schaustück} der Koloß von Rhodos.

{τέταρτον θέαμα} ὁ κολοσσὸς Ῥόδου.
{πέμπτον θέαμα} ὁ Βελλεροφόντης Σμύρνης.
{ἕκτον θέαμα} ὁ ναὸς τῆς Κυζίκου.
{ἕβδομον θέαμα} τὸ θέατρον Ἡρακλείας.
{ὄγδοον θέαμα τῶν ἄλλων πάντων ἀξιαφηγητότερον} ὁ ἐν Κωνσταντίνου πόλει ναὸς {τῆς Ἁγίας Σοφίας, ἤτοι τοῦ υἱοῦ καὶ λόγου τοῦ θεοῦ, ἔργον} Ἰουστινιανοῦ βασιλέως.

b) {Ἄλλο περὶ τούτων
τὰ θ' θεάματα τῆς οἰκουμένης ἅτινά εἰσι ταῦτα.
α' φάρος Ἀλεξανδρίας· φάρος δέ ἐστι ὑψηλὸς τόπος, εἰς ὃν ἀνελθών τις βλέπει πολὺ ὡς οἶμον (?) διάστημα.
β' Βελλεροφόντης Σμύρνης· οὐ σύνοιδα τοῦτο.
γ' Παυσωλοῦ (sic) Καρικὸν τάφος· οὐδὲ τοῦτο οἶδα.
δ' κολοσσὸς Ῥόδου ἤτοι ὁ φανὸς τὸ θέατρον.
ε' τὸ Καπετώλιον τῆς Ῥώμης ἤτοι τὸ παλάτιον.
ζ' ὁ ναὸς Κυζίκου.
η' τὰ Βαβυλώνια τείχη.
θ' καὶ αἱ πυραμίδες αἱ ἐν Αἰγύπτῳ, αἵτινές εἰσιν ἄσκιαι· ὁ γὰρ ἥλιος φαίνει πᾶς· εἰ δὲ ἵσταταί τι πρᾶγμα μέσον τοῦ ἡλίου ἢ ἄνθρωπος, ἔχει σκιάν. αἱ γοῦν πυραμίδες αὗται ἱστάμεναι μέσον τοῦ ἡλίου εἰσὶν ἄσκιαι. οὐ κρατοῦσι γὰρ σκιὰν ᾠκοδομηθεῖσαι παρὰ τοῦ παλαιοῦ ἐκεῖ τεχνίτου μεθοδικῶς.}

{Das fünfte Schaustück} der Bellerophon(tes) von Smyrna.
{Das sechste Schaustück} der Tempel von Kyzikos.
{Das siebte Schaustück} das Theater von Herakleia.
{Das achte Schaustück, berichtenswerter als alle anderen, ist} in Konstantinopel der Tempel {der Hagia Sophia, also des Sohnes und Wortes Gottes, ein Werk} des Kaisers Justinian.

b) {Etwas anders darüber:
Die 8 Schaustücke der Welt – welche sie sind:

1. Der Pharos von Alexandria: Der Pharos ist ein hochgelegener Ort, auf den hinaufgestiegen man eine weite Entfernung überblicken kann, wie ich meine (?).
2. Der Bellerophon(tes) von Smyrna – das wußte ich nicht.
3. Des Pausolos (!) Karisches Grab – auch das wußte ich nicht.
4. Der Koloß von Rhodos, also die Leuchte, das Theater (!).
5. Das Kapitol von Rom, also der Palast.
6. Der Tempel von Kyzikos.
7. Die Babylonischen Mauern.
8. Und die Pyramiden in Ägypten, die keinen Schatten werfen: Die Sonne bescheint sie nämlich ganz. Wenn aber ein Ding oder ein Mensch in der Sonne steht, gibt es einen Schatten; die Pyramiden jedoch stehen selbst mitten in der Sonne, haben aber keinen Schatten, denn sie werfen keinen Schatten, da sie von einem alten dortigen Künstler nach einem besonderen Verfahren gebaut sind.}

23. Anonyme Liste, 13. Jh.
Anonymus de incredibilibus 2
Rom, Codex Vaticanus graecus 305, fol. 197[v]

Τὰ ἑπτὰ θεάματα

α' ὁ ἐν Ὀλυμπίᾳ Ζεὺς πήχεων λς'.
β' ὁ τῆς Ἐφεσίας Ἀρτέμιδος ναός.
γ' ὁ ἐν Δήλῳ κεράτινος βωμός, ὅς (cod. ὅν) λέγεται γενέσθαι ἐκ θυμάτων τοῦ θεοῦ μιᾶς ἡμέρας δεξιῶν κεράτων.
δ' τὸ μαυσώλιον τὸ ἐν Ἁλικαρνασῷ.
ε' αἱ ἐν Αἰγύπτῳ πυραμίδες, ὧν ἡ μείζων πήχεις ἔχει τετρακοσίας.
ς' τὰ Βαβυλώνια τείχη.
ζ' ὁ ἐν Ῥόδῳ κολοσσὸς πήχεων ο', ὃν ἐποίησε Χάρης ὁ Λίνδιος.
τινὲς δὲ τάττουσι καὶ τὸν ἐν Ἐπιδαύρῳ Ἀσκληπιὸν καὶ τὸν ἐν Παρίῳ βωμὸν καὶ τοὺς κρεμαστοὺς κήπους καὶ τὴν ἱσταμένην Ἀθηνᾶν ἐν Ἀθήναις καὶ τὰ Κύρου βασίλεια.

24. Anonyme Liste, um 1300
Rom, Codex Vaticanus graecus 989, fol. 144[r]

[...]ι ἔργα κάλλιστα καὶ θεάματα [...]α ἐν τῷ κόσμῳ [...]·
[ὁ] ἐν Ἐφέσῳ τῆς Ἀρτέμιδος ναός.
τὰ Βαβιλώνια τείχη.
[αἱ] ἐν Αἰγύπτῳ πυραμίδες.

23.

Die Sieben Schaustücke

1. In Olympia der Zeus von 36 Ellen.
2. In Ephesos der Tempel der Artemis.
3. In Delos der Hörner-Altar, der entstanden sein soll aus den Opfertieren für den Gott an einem einzigen Tag, und zwar (nur) den rechten Hörnern.
4. Das Mausoleion in Halikarnaß.
5. In Ägypten die Pyramiden, von denen die größere vierhundert Ellen mißt.
6. Die Babylonischen Mauern.
7. In Rhodos der Koloß von 70 Ellen, den Chares der Lindier geschaffen hat.

Manche stellen hierzu auch den Asklepios in Epidauros und den Altar in Parion und die Hängenden Gärten und die in Athen aufgestellte Athene und den Kyros-Palast.

24.

... schönste Werke und Schaustücke ... auf der Welt ...
In Ephesos der Tempel der Artemis.
Die Babylonischen Mauern.
In Ägypten die Pyramiden.

ὁ ἐν Ῥώμῃ Ἀφροδίτης καὶ [Ῥώμης ναό]ς.
τὸ ἐν Ῥώμῃ ἀμφιθέατρον.
ὁ ἐν Ἁλικαρνασσῷ [Μ]αυσώλου τάφος.
ἡ ἐν Ῥώμῃ Γαίου καὶ Λουκίου ναυμαχία.
ὁ ἐν Κρήτῃ λαβύρινθος.
ὁ ἐν Ὀλυμπίᾳ Ζεύς, ἔργον Φειδίου.
[ὁ] ἐν Ἐπιδαύρῳ Ἀσκληπιός, ἔργον Φειδίου.
ὁ ἐν Ῥόδῳ [κο]λοσσός, ἔργον Χάρητος.
ἡ ἐν Ἄργει Ἥρα, ἔργον Πολυκλείτου.
ἡ ἐν Κνίδῳ Ἀφροδίτη, ἔργον Πραξιτέλους.
ὁ ἐν Μιλήτῳ ναὸς [τ]οῦ Ἀπόλλωνος.
ὁ ἐν Ῥώμῃ ἐν τῷ κίρκῳ ὀβελίσκος κομισθεὶς ἀπ' Αἰγύπτου.
ὁ ναὸς τοῦ Διὸς ἐν Ἡλίου πόλει.
ὁ ἐν Κ̣άραις τῆς Σελήνης.
ὁ Ἁδριανοῦ ἐν Κυζίκῳ, ἀτέ[λε]στος.
ὁ Διὸς ἐν Δαμασκῷ.
αἱ ἐν Θηβαΐδι σύριγγες.
τ̣ὸ ἐν Σιδῶνι θέατρον.
τὸ ἐν Ἡρακλείᾳ τῆς Θρᾴκης.
[ὁ ν]αὸς τοῦ Σαρπηδόνος ἐν Ἀλεξανδρείᾳ.
ὁ Ἀσκληπιοῦ ἐν Περ[γά]μῳ.
ὁ ξυστὸς ἐν Σάρδει.
ἡ Ἡρακλέους κρηπὶς ἐν Σάρδει [ἔχου]σα ἐν βάθει βαθμοὺς σν'.
ὁ ἐν Ἐφέσῳ λιμὴν χειρο[ποί]ητος ὅλος.
ὁ ἐν Νικομηδείᾳ Ἀντωνῖνος.
ὁ ἐν Βηρύτῳ [Ζεύς], ἔργον Φειδίου χρυσελέφαντα (sic) ἀτέλεστος.
ἡ ἐν Μύροις τῆς [Λυκία]ς Λητώ, ὁλοσμαράγδινος πη-

In Rom der Tempel der Aphrodite und der Roma.
In Rom das Amphitheater.
In Halikarnaß das Grab des Mausolos.
In Rom die Naumachie des Gaius und des Lucius.
In Kreta das Labyrinth.
In Olympia der Zeus, ein Werk des Phidias.
In Epidauros der Asklepios, ein Werk des Phidias.
In Rhodos der Koloß, ein Werk des Chares.
In Argos die Hera, ein Werk des Polykleites.
In Knidos die Aphrodite, ein Werk des Praxiteles.
In Milet der Tempel des Apollon.
In Rom im Circus der Obelisk, der aus Ägypten gebracht wurde.
Der Tempel des Zeus in Heliopolis.
In Karrhai (Harran) der (Tempel) der Selene (der Mondgottheit Sin).
Der (Tempel) des Hadrian in Kyzikos, unvollendet.
Der (Tempel) des Zeus in Damaskos.
In der Thebais die Syringen.
In Sidon das Theater.
Das in Herakleia in Thrakien.
Der Tempel des Sarpedon (Sarapis?) in Alexandria.
Der des Asklepios (im Rufinischen Hain) in Pergamon.
Der Säulengang in Sardes.
Die Herakles-Krepis (Stufenunterbau) in Sardes, die in der Tiefe 250 Stufen hat.
In Ephesos der Hafen, ganz mit der Hand gearbeitet.
In Nikomedia der Antoninus (die Caracalla-Statue).
In Berytos der Zeus, ein Gold-Elfenbein-Werk des Phidias, unvollendet.

χυαία καθεζομένη ἐπὶ θρόνου ἐκ τοῦ αὐτοῦ λίθου, ἔργον Πραξιτέλους, ἀτέλεστος τὰ περὶ [...] καὶ τὰ ὄπισθεν καὶ τὰ περὶ τὸν θρόνον.

25. Ciriaco Pizzicolli von Ancona, 1391- um 1455
Lateinische Übersetzung von Niketas' Kommentar (hier Text 20)

Ex Greogrio Naz[i]anzeno theologo de VII mundi spectaculis Kyriaci Anconitani brevis in latinum expositio ad R.P.D. P(etrum) Donatum episcopum Patavin(a)e urbis:

primum quidem mundi spectaculum habetur Thebae, magna civitas in Egypto, non ut quae in Grecia VII portas habentes, sed centiporte menibus munite conspicuis et admirandis.

secundum vero Babyloniae muri, quos Semiramis cum cocto lapide et bitumine condidit. habens in circuitu amplissima civitas mensuram stadiorum CCCCLXXX, altitudinis autem muri cubitorum CC, latitudine vero L fuisse constat.

tertium quidem egregium illud in Karia sepulcrum quod Mausolus, eiusdem loci dominus, maximum variumque in sculpturis ac omni ex parte ornatissimum sibi ipsi dicaverat.

quartum autem Pyramides, aedificia ingentia quaedam [in] Aegypto.

quintum nobilissimus quidem ille in Rhodo colossus, idolum Apollinis omnium maximum. aliqui enim di-

In Myra in Lykien die Leto, ganz aus Smaragd, eine Elle lang, auf einem Thron aus demselben Stein sitzend, ein Werk des Praxiteles, unvollendet an ..., am Rükken und am Thron.

25.

Aus Gregorios von Nazianz, dem Theologen, über die Sieben Weltwunder, kurze Übertragung ins Lateinische durch Kyriakus von Ancona für den hochwürdigen Herrn Petrus Donatus, Bischof der Stadt Padua.

Für das erste Weltwunder hält man Theben, eine große Stadt in Ägypten, und nicht das Theben in Griechenland, das 7 Tore hat, sondern das Hunderttorige, das mit stattlichen und staunenswerten Mauern befestigt ist.

Das zweite (waren) die Mauern Babyloniens, die Semiramis aus gebranntem Ziegel und Asphalt errichtete. Die riesige Stadt hat einen Umfang von 480 Stadien, und es steht fest, daß die Mauern eine Höhe von 200 Ellen und eine Breite von 50 hatten.

Das dritte (war) das großartige Grab in Karien, das Mausolos, der Herrscher dieser Gegend, als größtes, an Bauschmuck reichstes und in jeder Hinsicht prächtigstes sich selbst widmete.

Das vierte (waren) die Pyramiden, riesige Bauwerke in Ägypten.

Das fünfte (war) jener hochberühmte Koloß in Rhodos, das größte Abbild des Apollon (!) von allen. Man-

cunt id columpnam esse aeneam maximam altitudinis cubitorum, secundum Aristotelem, DC.

sextum preterea in mundo spectaculum Capitolium Rome prestiterat.

septimum vero celeberrimum illud in Cyzico Hadriani delubrum.

26. Giorgio Sanginati(ci)o, Mitte 15. Jh.
Berlin, Manuscriptum Phillipicum 1524, fol. 48^{v}-49^{r}

Ὑπάτου Ῥωμαίων Σαγγινατίου
εἰς τὰ ις' θεάματα τῆς οἰκουμένης·

Θῆβαι ἑκατοντάπυλαι περικαλέα τείχη,
τείχη τὰ Βαβυλώνια Σεμίρραμης ἡ κτίσις,
κτίσις ἡ τοῦ Μαυσώλου δὲ τύμβος τεθεὶς ἐντέχνως (cod. ἐντέχνος).
ἐντέχνως δὲ τοῦ Ἰωσὴφ αἱ πιραμίδες [κεῖνται],
ἄλλο τὸ Καπιτώλιον Ῥώμης θέαμα ὅρα,
Ἀνδριανοῦ ναὸν ἐν Κυζίκῳ ταχθέν τι.
ταχθέν τι δ' ἄλλο θέαμα ὁ κολωσσὸς ἐν Ῥόδῳ,
ὄγδοον δ' ἄλλο (cod. ἄλλον) θέαμα φάρος Ἀλεξανδρείας,
ἔννατον ὁ περίβολός ἐστι τῆς Καισαρείας,
δέκατον δὲ τὸ θέαμα τὸ ἐν τῇ Ἡρακλείᾳ,
ἑνδέκατον ὑπάρχει δὲ ὁ Φέλεφος τῆς Σμύρνης,
δωδέκατον λαβύρινθος, σπήλαιον ἐν τῇ Κρήτῃ,
πυργοποιία (cod. πυργωποιήα) ἔστι δὲ τρισκαιδέκατον ἄλλο,
ὁ ἐν Ἐφέσῳ (cod. Νεφέσῳ) δὲ ναὸς {τῇ} τῆς Ἀρτέμιδος ἄλλο,

che sagen, dies sei eine bronzene Säule von ganz großer Höhe, nach Aristoteles (Frg. f. 20 Rose) von 600 Ellen.

Als sechstes Wunder auf der Welt bestand außerdem das Kapitol von Rom.

Das siebte (war) jener hochberühmte Hadrians-Tempel in Kyzikos.

26.

Des römischen Konsuls Sanginatios
(Gedicht) auf die 16 Schaustücke der Welt

Theben, das hunderttorige, wunderschöne Mauern,
Mauern von Babylon, Semiramis' Gründung,
Gründung des Mausolos' Grab, geschaffen mit Kunst.
Mit Kunst stehen auch die Pyramiden des Joseph,
als weiteres Schaustück betrachte das Kapitol von Rom,
auch Hadrians Tempel, der in Kyzikos errichtet.
Errichtet ist auch ein anderes Schaustück, der Koloß in Rhodos,
das achte ein anderes Schaustück, der Pharos Alexandrias,
das neunte die Ringmauer von Kaisareia,
das zehnte Schaustück das in Herakleia,
das elfte ist der Phelephos (!) von Smyrna,
das zwölfte das Labyrinth, eine Höhle in Kreta,
ein anderer Turmbau das dreizehnte,
in Ephesos der Artemis-Tempel ein weiteres,

πεντεκαιδέκατόν ἐστι ναὸς ἐν Βυζαντίῳ,
καὶ ἐν Περγάμῳ ἱερὸν (cod. ἱερῷ) Κύρου τοῦ βασιλέως.

27. Anonymes Gedicht nach Kedrenos, 15. Jh.
Oxford, Codex Baroccianus 68, fol. 76^v

Περὶ τῶν ἑπτὰ θεαμάτων·
καινὸν θέαμα τῶν πάλαι πυραμίδων,
Αἴγυπτος ὥσπερ εἶχε κόμπον ἢ πλάνην.
καὶ πύργος ἄστροις ἐξισούμενος Φάρου,
μέγας κολοσσὸς ὁ θρυλλούμενος Ῥόδου
καὶ τύμβος ἐξάκουστος ὁ τοῦ Μαυσώλου
καὶ Κυζίκου φέριστος ἀρραγὴς δόμος
καὶ τὸ θέατρον Λυκίας τῆς τῶν Μύρων,
ὅπερ κατεσπάραξεν Ἰσμαὴλ γόνος,
καὶ Ῥουφίνειον ἄλσος ἐν τῷ Περγάμῳ·
ναὸς δ᾽ ὁ παμμέγιστος ἐν βασιλίδι
ἀσυγκρίτως ἡττᾷ δὲ πᾶν τοῦτο κλέος.

28. Zwei anonyme Listen, um 1480
Madrid, Codex Matritensis graecus 86, fol. 1^v
(zu b vgl. Text 21; auf b folgt Text 32a)

a) Περὶ τῶν ἑπτὰ θεαμάτων·
Αἰγύπτου πυραμίδες.
Βαβυλώνια τείχη.
ἑκατοντάπυλαι Θῆβαι.
Μαυσώλου τάφος ἐν Καρίᾳ.
κολοσσός ἐν Ῥόδῳ.

das fünfzehnte ist der Tempel in Byzanz,
und in Pergamon (!) das Heiligtum (!) des Königs Kyros.

27.

Über die Sieben Schaustücke
Das neue Schaustück der alten Pyramiden,
welche Ägypten hatte zur Prahlerei oder zum Stolz.
und der Turm Pharos, den Sternen angeglichen,
der große Koloß, der berühmte, von Rhodos
und das berühmte Grab des Mausolos
und Kyzikos' bestes ungefugtes Haus
und das Theater von Lykien in Myra,
das erst zerstörte Ismaels Nachkommenschaft,
und der rufinische Hain in Pergamon.
Der allergrößte Tempel aber in der Hauptstadt
überwindet unvergleichlich jeden solchen Ruhm.

28.

a) Über die Sieben Schaustücke
Ägyptens Pyramiden.
Babylonische Mauern.
Hunderttoriges Theben.
Mausolos' Grab in Karien.
Koloß in Rhodos.

ναὸς ἐν Κυζίκῳ.
θέατρον Ἡρακλείας.

b) Καὶ ἄλλα ἑπτά·
πύργος ἄστροις ἐξισούμενος Φάρου.
θέατρον Λυκίας τῶν Μύρων ὅπερ κατεσπάραξεν Ἰσμαήλ γένος.
Ῥουφούνιον ἄλσος ἐν τῇ Περγάμῳ οὗπερ τὸ κάλλος πᾶσαν διέδραμε χθόνα.
Ῥώμης Καπιτώλιον.
ἑπτάπυλοι Θῆβαι ἐν Ἑλλάδι.

29. Angelo Ambrogini Poliziano, 1454-1494
Sylvae I (Manto) 319 ff. (1482)

Vos age nunc alacres certatim, ethrusca juventus
Aoniis operata sacris, accurite mecum
daedala perpetui visum monumenta poetae,
qualia nec castae peplis intexta Minervae
solemni, veteres, lustro explicuistis, Athenae,
picta rubro quoties animantur praelia cocco;
nec vetus immensum fuerint quae sparsa per orbem
gloria septena celebrat spectacula fama.
nam neque belligeris Babylon pulsata quadrigis
moenia, nec liquido pomaria pendula coelo

Tempel in Kyzikos.
Theater von Herakleia.

b) Und andere Sieben:
Turm Pharos, den Sternen angeglichen.
Theater von Lykien in Myra, das Ismaels Nachkommenschaft zerstörte.
Rufinischer Hain in Pergamon, dessen Schönheit das ganze Land durcheilte.
Roms Kapitol.
Siebentoriges Theben in Griechenland.

29.

Auf also, etruskische Jugend (meine Studenten), eifrig um die Wette
opfert den aionischen (böotischen) Heiligen (den Musen) und kommt mit mir,
um die kunstvollen Monumente des ewigen Dichters zu schauen,
die du nicht in die Prachtgewänder der keuschen Minerva eingewebt
und in feierlichem Opfer entfaltet hast, altes Athen,
scharlachrot bemalt, so oft Schlachten dargestellt waren,
und die auch einst nicht vergleichbar gewesen denen, welche über die Welt verteilt
in siebenfachem Ruhm feiert als Schaustücke der Ruf.
Ja, weder mag das kriegerische Babylon seine von Viergespannen bestampften

conferat; aut dextris constructa altaria Delos
cornibus; aut vasti molem Rhodos aurea Phoebi;
non Cares, Mausole, tui caelamina busti;
Phidiacum non Elis ebur; non ipsa superbas
pyramidas jactet lascivi lingua Canobi.
namque haec aut valido Neptuni quassa tridenti,
aut telo, Summane, tuo traxere ruinam,
aut trucibus nimbis aut irae obnoxia cauri,
aut tacitis lenti perierunt dentibus aevi.
at manet aeternum et seros excurrit in annos
vatis opus!

30. Adriaen de Jonghe, 1511-1575
Pinaces (1572)

In miracula orbis octo

1. Pyramides Aegypti.
Ardua Pyramidum Pharii miracula reges,

Mauern oder die Hängenden Gärten mit ihrem fließenden Himmel
vergleichen, oder Delos seinen Altar, errichtet aus rechten
Hörnern, oder das goldene Rhodos die Masse des riesigen Phoebus (Apollon);
auch sollen die Karer sich nicht der Reliefs deines Grabes, Mausolos,
Elis nicht Phidias' Elfenbeins und auch nicht der stolzen
Pyramiden die ungezügelte Zunge Kanobos' (Ägyptens) sich brüsten:
Denn diese haben durch Neptuns mächtigen Dreizack erschüttert,
oder durch dein Geschoß, Summanus (Blitzgott), Zerstörung gefunden,
oder sie sind schrecklichen Unwettern oder dem Zorn des Sturms anheimgefallen,
oder sie gingen langsam durch den schweigsamen Zahn der Zeit zugrunde.
Doch ewig bleibt und in spätere Jahre noch läuft
des Dichters Werk!

30.

Auf die Acht Weltwunder

1. Die Pyramiden Ägyptens.
Die hochragenden Wunder der Pyramiden haben die pharischen (ägyptischen) Könige,

surgentes gradibus moles, monumenta sepultis,
struxere, et rapidi docuere Hyperionis ignes
vicinos ferre, ad magnae confinia Memphis.

2. Pharos.
Cursibus extruxti ratium Ptolemaee regundis
nocturnis Pharon, ut quum nox tenebrosa sileret,
clara vicem in Phoebes vomerent funalia lucem,
infida ut Nili sic tutius ora subirent.

3. Babylonis muri.
Imperiosa sui secta cervice mariti
jussit coctilibus Babylona Semiramis altam
moenibus incingi, lentoque bitumine: portas
adjecit centum, et super his sibi nobile bustum.

4. Dianae Ephesinae templum.
Struxit Amazonia hanc Ephesus, tibi Delia sacram
aedem, luxuriosae ingens Asiae ornamentum.

stufenweise aufsteigende Massen, als Monumente für Bestattete
errichtet, und sie gelehrt, die rasenden Feuer Hyperions (des Sonnengottes)
als Nachbarn zu ertragen, im Gebiete des großen Memphis.

2. Pharos.
Für die Leitung der Fahrten der Schiffe errichtetest Du, Ptolemaeus,
der nächtlichen, den Pharos, auf daß, wenn die dunkle Nacht schweigt,
an Phoebus' (Apollons) Stelle ein Licht die hellen Fakkeln speien,
auf daß sie die treulosen Ufer des Nils so sicherer erreichten.

3. Die Mauern Babylons.
Nachdem sie den Hals ihres Gatten durchtrennte,
befahl die mächtige Semiramis Babylon hoch mit ziegelgebrannten
Mauern zu umschließen und mit trägem Asphalt: Tore
fügte sie hundert hinzu, und darüber errichtete sie ihren edlen Scheiterhaufen.

4. Der ephesinischen Diana Tempel.
Errichtet hat das amazonische Ephesus dir, Delia (Artemis), dieses heilige
Haus, ein riesiges Schmuckstück des schwelgerischen Asiens.

fundamenta palus tenuit carbonibus ante
farcta, uti telluris starent immota fragore.

5. Mausolaeum.
Mausoli a busto calidos haurire mariti
deposcens conjunx cineres, pietatis adultae
exemplo posuit tumulum, spirantia cujus
artifices summi caelarunt marmore signa.

6. Colossus Solis.
Septenos decies cubitos aequare Colossus
dictus, par turri moles, sub nomine Solis
aere cavo factus, saxorum vasta caverna
intus, apud Rhodios sacros accepit honores.

7. Iovis Olympici simulachrum.
Elis Olympiadum mater, quae signat Achivum
nobilibus fastos ludis, miracula claudit.
Phidiacumque Iovem ostentat niveo ex elephanto,
qualis caesarie ac nutu concussit Olympum.

Die Fundamente trug ein Sumpf, zuvor mit Kohlen
gestopft, auf daß sie vom Rütteln der Erde unbewegt
stünden.

5. Mausoleum.
Von Mausolos', ihres Gatten, Scheiterhaufen ließ die
noch warmen
Aschen seine Gattin abnehmen, und für ihre erstarkte
Frömmigkeit
zum Beleg errichtete sie einen Grabbau, dessen lebendige
Zeichen die größten Künstler mit Marmorreliefs
schmückten.

6. Der Koloß des Sol.
Siebenmal zehn Ellen maß der Koloß,
so heißt es, gleich einem riesigen Turm, unter dem Namen des Sol
aus hohler Bronze geschaffen, mit einer riesigen Höhlung voll Felsstein
darin, fand er bei den Rhodiern heilige Ehrung.

7. Des olympischen Jupiter Standbild.
Elis, der Olympiaden Mutter, das der Achäer (Griechen)
Fasten (Geschichtsbücher)
mit vornehmen Spielen einteilt, beschließt die Wunder.
Und es zeigt des Phidias' Jupiter aus schneeweißem Elfenbein,
wie er mit dem Haupthaar und Nicken den Olymp erschüttert.

8. Amphitheatrum.
Adjicit his vates, cujus se Bilbilis ortu
iactat, Caesarei sacrum decus amphitheatri:
quae mundi speciem moles mentita globosam
accepit cavea populos, ludosque paravit.

31. Polemius Silvius, 5. Jh.
Laterculus IV (448/9)

Quae sint Romae:
Montes septem
Campi octo
Pontes VIII
Termarum paria X
Fora XIIII
Basilicae XI
Aquae XVIIII
Obilisci VI
Circi duo
Theatra III
Columnae cocledes II
Anfitheatra II
Ludi IIII
Portae XXXVI
Arci marmorei tot
Naumatie
Vici CCCCXXIIII
Insularum quadraginta V milia
Inter quae omnia VII sunt mira praecipua, id es Ianico-

8. Das Amphitheater

Zu diesen fügt der Sänger, dessen Geburt sich Bilbilis rühmt (Martialis), das heilige Schmuckstück des kaiserlichen Amphitheaters:

Diese Masse, die runde Gestalt der Welt vorspiegelnd, nahm in seinem Zuschauerraum die Völker auf und bereitete die Spiele.

31.

Was es in Rom gibt:
Sieben Hügel
Acht Felder
8 Brücken
10 Thermenbauten
14 Foren
11 Basiliken
19 Aquädukte
6 Obelisken
zwei Circusse
3 Theater
2 gewundene Säulen
2 Amphitheater
4 Gladiatorenschulen
36 Tore
So viele marmorne Bögen
(eine) Naumachie
424 Gemeinden
45 000 Insulae (Wohngevierte)
Unter all diesen gibt es Sieben Hauptwunder, nämlich

lum, cloacae, aquaeducti, forum Traiani, amfpitheatrum, odeum et turmae Antoniane.

32. Zwei anonyme Listen, um 1480
Madrid, Codex Matritensis graecus 86, fol. 1ᵛ (folgt auf Text 28 b)

a) Ἄλλα τῆς Κωνσταντινουπόλεως·

ἡ ἁγία σοφία,
τὸ ἱπποδρόμιον,
τὸ μέγα παλάτιον,
τὸ κοντοσκάλιον (cod. κοντοσκάλον),
ὁ ἀγωγιή,
τὰ τείχη μετὰ τῶν τάφρων,
τὸ μακρὸν τεῖχος ἀπὸ τὸ ἁλμυρὸν ἕως εἰς τὸν ἅγιον γεώργιον.

b) Παραπλήσια·

ὁ αὐγουστῖος,
ὁ ταῦρος καὶ ξηρόλαφος,
αἱ δεξαμεναὶ τῶν ἀγωγῶν,
τοῦ προδρόμου,
τοῦ παντεπόπτου,
τοῦ γόνου,
τῆς μυκυσίας,
τοῦ ἀρχιστρατήγου.

den Ianicolus, die Kloaken, die Aquädukte, das Trajans-Forum, das Amphitheater, das Odeum und die Caracalla-Thermen.

32.

a) Andere (Wunder), und zwar von Konstantinopel

Die Hagia Sophia,
der Hippodrom,
der große Palast,
der (Hafen) Kontoskalion,
der Obelisk (ital. aguglia),
die (Land-)Mauern mit den Gräben,
die lange (See-)Mauer vom Meer bis zu (der Kirche des) Hl. Georg.

b) Beinahe gleich:

Das Augusteion,
(das Theodosios-Forum auf dem) Tauros(-Hügel) und (das Arkadios-Forum auf dem) Xerolophos(-Hügel),
die Wasserbehälter der Aquädukte,
(die Kirche des Johannes) Prodromos,
(die Kirche des Christus) Pantepoptes,
(die Kirche des) Gonos (?) (beim Akoimetenkloster),
(die Zisterne beim Kloster des) Mokios,
(die Kirche des Hl. Michael) Archistrategos.

33. Studentenvers, seit dem 17. Jh.
Die Sieben Wunder von Jena

Mons pons ara caput draco vulpecula turris
Weigeliana domus septem miracula Jenae.

33.

Berg, Brücke, Altar, Haupt, Drachen und Fuchsturm, das Weigelsche Haus: die Sieben Wunder von Jena.

ANHANG

ZUR TEXTGRUNDLAGE

In den Texten umschließen – wie bei Editionen üblich – geschweifte Klammern alte Glossen (s. S. 16), eckige Klammern Ergänzungen des Herausgebers und runde Klammern Ausschreibungen von Abkürzungen sowie sonstige Erläuterungen; unsichere Lesungen sind durch Punkt unter dem Buchstaben markiert, Auslassungen des Herausgebers durch drei Punkte auf der Zeile.

Philon

Neuedition nach Photo von Codex Palatinus graecus 398; das Londoner Ms. add. 19 391 wurde (ebenfalls im Photo) zum Vergleich herangezogen. Die Begründung für meine Textgestaltung findet sich im folgenden – wie üblich lateinisch abgefaßten – kritischen Apparat (folgende von Hercher aufgenommene Konjekturen werden abgelehnt: I 2 εἶδεν und IV 2 Κυκλώπειον statt des in späterem Griechisch durchaus üblichen ἶδεν bzw. Κυκλώπιον; I 3 μόνα statt des III 3 vergleichbaren μόνον; II 3, III 4 und V 2, nicht aber VI 1 ἐστί statt ἐστίν vor Konsonant; II 4 μηλοβαφεῖς εἴσιν; III 2 wie Orelli χειρουργήσῃ statt χορηγήσῃ; III 4 erstes καὶ der Aufzählung getilgt; IV 3 ἐφ' αὐτοῦ statt ἐπ' αὐτοῦ; IV 5 οὔπω irrig ausgelassen; V 2 περιδρομίδων statt des ebenfalls nur hier belegten παραδρομίδων und πολύστεγοι statt πολύστατοι).

Pr 1 Ἠλείοις Holst., καλοῖς cod.
I 1 κατάγειος πᾶς ὁ scripsi collato I 3, πᾶς ὁ κατάγειος cod.
I 2 ὅτι φοῖνιξ μόνον τῶν ξύλων ἄσηπτον add. cod. in marg.
I 3 πρόσωπον Allat., πρόσω cod.
II 1 ἐπιδεδώμηται scripsi collato IV 4, V 1, ἐπιδεδόμηται cod. (o in rasura)
ἀναγωγὴν Herch., ἀνάγκην cod.
II 2 καὶ primum add. cod. supra lineam

II 3 καὶ πορφυραῖ del. Orell. ut glossema
ἐπιδεδώμηνται iterum scripsi, ἐπιδεδόμηνται cod. (o in rasura)
τῇ μὲν Allat., τὰ μὲν cod.
μαρμαρῖτις Orell. collato IV 3, μαρμαρῖτης cod.
II 5 βασιλικὸς πλοῦτος Herch., βασιλεικῷ πλούτῳ cod.
III 2 καὶ del. Herch.
ἀγέλαις ... δαψιλεύσεται del. Herch. ut glossema
III 3 ὅσιον Holst., ὅμοιον cod.
III 4 πολὺν χρόνον scripsi cum Ms. Lond., πλεῖστον χρόνον cod.
IV 1 συμβόλοις Herch., μόνοις cod.
IV 2 θαυμαστὴς Allat., θαυμαστὸς cod.
IV 3 δ' ἔδει Holst., δὲ ἀεί cod.
V 1 κόπον Holst. collato II 5; κόσμον cod.
ἀσφάλτῳ del. Herch. ut glossema (hiatus causa).
V 3 ἄλλῃ scripsi, ἄλλην cod.
VI 1 et ἀπηρεῖσθαι et supra lineam scripta ἀπείργασθαι cod.
προσετύγχανον conieci; lacunam hiatus causa stat. Herch.

Texte

1. H. Diels, Laterculi Alexandrini aus einem Papyrus ptolemäischer Zeit. (Abhandlungen der königl. preuss. Akademie der Wissenschaften, philos.-histor. Abh. 1904, II) Berlin 1904, S. 9f. (Pack² 2068; im Text ist der Nachtrag S. 15 eingearbeitet).
2. H. Beckby, Anthologia Graeca. 4 Bde. (Tusculum) München 1957-1958, III 42; D. Ebener, Die griechische Anthologie. 3 Bde. (Bibliothek der Antike) Berlin / Weimar 1981, II 275.
3. R. Helm, Properz: Gedichte. (Schriften und Quellen der Alten Welt 18) Berlin 1965, 143.
4. D. E. Eichholz, Pliny: Natural History. X (Loeb Classical Library) London / Cambridge Ma. 1962, 58ff.
5. U. Gößwein, Martial: Epigrammata / Epigramme. © 1986 Deutscher Taschenbuch Verlag, München, S. 11.

6. H. Rose, Hygini fabulae. Leiden 1934, 145.
7. E. Aßmann, Ampelius. (Bibl. Teubneriana) Leipzig 1935, 18f.
8. Beckby (wie 2) II 536 (PG 38, 109f.); Ebener (wie 2) II 243.
9. F. Boulenger, Grégoire de Nazianze: Discours funèbres. Paris 1908, 58ff. (PG 36, 577ff.)
10. Beckby (wie 2) III 302; Ebener (wie 2) II 275.
11. Å. J. Fridh, Magni Aurelii Cassiodori Variarum Libri XII. (Corpus Christianorum Ser. Lat. 96) Turnhout 1973, 275ff.
12. a) Erstedition nach Photo von Codex Vallicellanus 47 (c.97), fol. 55^{v}; b) Neuedition nach Photo von Codex Laurentianus VII 8, fol. 265^{r} (zuvor E. Piccolomini bei A. Kirchhoff, Zu Demosthenes Kranzrede § 289f., Hermes 6 (1872) 487-93, spez. 491; vgl. PG 36, 1064f.).
13. Neuedition nach Photos von Codex Taurinensis B I 4 (olim B IV 8), fol. 35^{v} *in margine* (zuvor G. Pasini, Codices Manuscripti Bibliothecae regii Taurinensis Athenaei. Turin 1749, Pars I p. 73f.) und von Codex Laurentianus VII 8, fol. 265^{r} (zuvor Piccolomini (wie 12b) 491f. und ders., Estratti inediti dai codici greci della Biblioteca Mediceo-Laurenziana. Annali delle Università Toscane, Parte prima (scienze noologiche) 16 (Pisa 1879) I-LIII und 231-350; zu Gregor spez. 231ff, hier 274f.).
14. a-b: Neuedition nach Photo von Codex Laurentianus VII 13, fol. 54^{v} (zuvor fehlerhaft V. Puntoni, Scolii alle orazioni di Gregorio Nazianzeno. Studi di Filologia Greca (Torino) 1, 1882, 131-80 und 207-46, hier 235). – b: Neu- bzw. Erstedition von Codex Monacensis graecus 204, fol. 50^{v} *in margine* und 499, fol. 94^{v} (zuvor E. Norden, Scholia in Gregorii Nazianzeni Orationes inedita. Hermes 27 (1892) 606-42, spez. 635); vgl. Codex Oxoniensis Magdalen College 5, fol. 69^{v}.
15. W. Arndt u. B. Krusch, Gregorii Turonensis Opera. II (MGH Script. rer. merov. I 2) Hannover 1885, 857ff. Den bereits 1853 von F. Haase edierten Text publizierte H. Omont, Les sept merveilles du monde au moyen age. Bibliothèque de

l'école des Chartes 43 (1882) 40-59, spez. 50 ff. als »complètement inconnu« (44).

16. Omont (wie 15) 47 ff. Andere Fassungen bei J. K. Orelli, Philonis Byzantini Libellus de Septem Orbis Spectaculis. Leipzig 1816, 147 ff. (vgl. PL 90, 961 f.) und L. Traube bei H. Schott, De septem orbis spectaculis quaestiones. Diss. München (Ansbach) 1891, app. IIIf.
17. A. Mai, Spicilegium Romanum. II Rom 1839, 221 ff. (PG 38, 545 ff.).
18. Neuedition dieses sog. Appendix zu Vibius Sequester nach Photo in C. W. Barlow, Codex Vaticanus Latinus 4929. Memoirs of the American Academy in Rome 15 (1938) 87-124 und pl. 11-18, hier pl. 14 (zuvor Orelli [wie 16] 142; K. Bursian, Vibi Sequestris de fluminibus etc. libellus. Progr. Zürich 1867, 20; A. Riese, Geographi Latini Minores. Heilbronn 1878, 159; Omont [wie 15] 57 f.).
19. Neuedition nach dem von K. Preisendanz (Leiden 1911) herausgegebenen Lichtdruck von Codex Palatinus graecus 23, p. 350 (zuvor mit einem Fehler Beckby [wie 2] II 536).
20. R. Constantinescu, Nichita din Heracleea comentarii. Bukarest 1977, 188; eine Kurzfassung (aus Codex Monacensis graecus 368) nach D. Hoeschel, Philonis Judaei Opera. Paris 1640, 1198 bei Orelli (wie 16) 144 (vgl. V. Rose, Aristoteles Pseudepigraphus. Leipzig 1863, 625 f. = falsa 20); Omont (wie 15) 58. – B. de Montfaucon, Diarium Italicum. Paris 1702, 272 scheint diese Liste in der Bibliotheca Baluziana gefunden zu haben.
21. I. Bekker, Georgius Cedrenus: Historiarum compendium. I Bonn 1838, 299 (p. 170 b-c); PG 121, 336. – v. 7 steht im Original als v. 5.
22. Codex Ambrosianus graecus 886 (olim C.222), fol. 180^{v}, wegen der Schließung der Mailänder Bibliotheca Ambrosiana derzeit nicht überprüfbar. Ausgabe von a: M. Treu, Maximi monachi Planudis epistulae. 5 Teile, Progr. Kgl. Friedrichs-Gymn. Breslau 1886-90, spez. 234. a+b: R. Schoell bei Schott

(wie 16) app. I f. – a zugleich Erstedition von Codex Vindobonensis phil. gr. 178 (1429/30), fol. 44v (»admiranda«).

23. Neuedition dieser sog. Excerpta Vaticana (Anonymus de incredibilibus) 2 nach Photo von Codex Vaticanus graecus 305, fol. 197v (zuvor Th. Gale, Opuscula mythologica, ethica et physica graece et latine. Cambridge 1671, 98; L. H. Teucher, Heracliti et anonymi de incredibilibus libellus, Lemgo 1796, 21 ff.; Orelli [wie 16] 67 f.; A. Westermann, ΜΥΘΟΓΡΑΦΟΙ. Braunschweig 1843, 321; N. Festa, Palaephati περὶ ἀπίστων (Mythographi Graeci III 2) Leipzig 1902, 88 f.
24. Neuedition nach Photo von Codex Vaticanus graecus 989, fol. 114r (zuvor fehlerhaft bei U. v. Wilamowitz-Moellendorff, Coniectanea. Programm Göttingen 1884, 3-18, spez. 8 = Kleine Schriften IV, Berlin 1962, 562-82, spez. 568 f.; Schott [wie 16] app. II., doch s. H. Hepding, ΡΟΥΦΙΝΙΟΝ ΑΛΣΟΣ. Philologus 88 (1933) 90-103, spez. 90 Anm. 3).
25. Omont (wie 15) 56 f.
26. Neuedition nach Photo von Codex Berolinensis Ms. Phill. 1524 (olim graecus 120; zuvor fehlerhaft Ch. Daremberg, Notices et extraits des manuscrits médicaux, I Paris 1853, 121; danach Omont [wie 15] 58 f) mit den Korrekturen von J. F. Dübner. Zum Autor vgl. J. A. Fabricius, Bibliotheca Graeca, hg. v. C. G. Harless, XII Hamburg 1809, 135.
27. Neuedition nach Photo von Codex Baroccianus 68, fol. 76v (zuvor Treu [wie 22a] 233 f.).
28. Neuedition nach Photo von Codex Matritensis graecus 86 (4629, olim N-67; zuvor mit einem Fehler J. Iriarte, Regiae Bibliothecae Matritensis codices Graeci. I Madrid 1769, 232; a übernommen bei R. Unger, Thebana Paradoxa. I Halle 1839, p. 38 f.).
29. I. del Lungo, Prose volgari inedite e poesie latine e greche edite e inedite di Angelo Ambrogini Poliziano. Florenz 1867, 287 ff., spez. 302 f.
30. Hadrianus Iunius: Poëmatum Hadriani Iunii Hornani medici liber primus. Leiden: L. Elzevir 1598, 177 f. (vgl. M. Val. Mar-

tialis epigrammaton libri XII ... opera Hadriani Iunii Medici. Antwerpen: Chr. Plantinus 1568).

31. Th. Mommsen, Chronica Minora Saec. IV. V. VI. VII. Bd. I (MGH Auct. Ant. IX 1) Berlin 1892, 511-51, spez. 545 (ausgelassen sind im ersten Teil die Namen der Hügel usw.)

32. wie 28.

33. A.v. S. (= August Jäger ?), Felix Schnabels Universitätsjahre / Der deutsche Student. Stuttgart 1835 (Neudruck hg. v. O. J. Bierbaum, Berlin 1907, S. 123); vgl. J. C. Zenker, Historisch-topographisches Taschenbuch von Jena und seiner Umgebung. Jena 1836, S. 27 Anm. 1. P. Weber, Die Sieben Wahrzeichen des alten Jena, Jena 1927, bietet eine teilweise abweichende Zuordnung der *miracula*.

LITERATURHINWEISE

Handschriften des Philontextes:

Codex Palatinus graecus 398 [Philon auf fol. 56v-59v].

Codex Vatopedinus 655 (Teile in Paris. suppl. gr. 443A; London Ms. add. 19 391 [Philon auf fol. 12v-13v]).

Codex Parisiensis suppl. graecus 796 (Abschrift und Übersetzung des Lucas Holstein).

Editionen des Philontextes:

(L. Allaci) Philo Byzantius de septem orbis spectaculis Leonis Allatii opera Nunc primum Graece & Latine prodit, cum Notis. Rom: Mascardi 1640.

(D. Salvaing de Boissieu) Dionysii Salvagnii Boessii Miscella. Lyon: Laurentius Anisson 1661, 3. Teil S. 1-29; vgl. ders., Septem Miracula Delphinatus. Grénoble 1656.

F. J. Bast, Lettre critique .. à Mr. J. F. Boissonade. Paris 1805 = Frider. Iac. Bastii .. Epistola critica ad virum clarissimum Ioann. Franciscum Boissonade. Leipzig 1809.

J. K. Orelli, Philonis Byzantini Libellus de Septem Orbis Spectaculis. Leipzig 1816 [danach: J. Overbeck, Die antiken Schriftquellen zur Geschichte der bildenden Künste bei den Griechen. Leipzig 1868, 133 und 292f.].

R. Hercher, Aeliani de natura animalium etc. Paris: Didot 1858 (der Philontext im Anhang S. 101ff.).

Zum Schicksal des Philon-Textes:

H. Omont, Les sept merveilles du monde au moyen age. Bibliothèque de l'école des Chartes 43 (1882) 40-59.

M. Arnim, De Philonis Byzantii dicendi genere. Diss. Greifswald 1912, 160ff.

W. Schmid u. O. Stählin, Geschichte der griechischen Literatur. II 1 (Handbuch der Altertumswissenschaft VII 2, 1) München [6]1920 (S. 283 wird wörtlich zitiert).

W. Kroll, Art. »Philon 49«, in: Realencyclopädie der classischen Altertumswissenschaften XX 1, Stuttgart 1941, 54f.

A. Diller, The Tradition of the Minor Greek Geographers. (Philological Monographs 14) Lancaster Pa., Oxford 1952, 3ff.

J. Łanowski, Zum Werk des Philon von Byzanz. Eos 73 (1985) 31-47.

E. Mittler (Hg.), Bibliotheca Palatina. 2 Bde., Heidelberg 1986, I 458ff.

Zusammenstellungen von Weltwunderlisten:

H. Schott, De septem orbis spectaculis quaestiones. Diss. München (Ansbach) 1891.

W. H. Roscher, Die Hebdomadenlehren der Griechischen Philosophen und Ärzte. (Abhandlungen der philol.-hist. Klasse der königl. sächs. Gesellschaft der Wissenschaften XXIV 6) Leipzig 1906, 186ff.

J. Łanowski, Art. »Weltwunder«, in: Realencyclopädie der classischen Altertumswissenschaften, Suppl. X Stuttgart 1965, 1020-30; vgl. *ders.*, Les listes des merveilles du monde ›grecques‹ et ›romaines‹, in: P. Oliva u. A. Frolíková (Hgg.), Concilium Eirene XVI, Bd. II Prag 1983, 182-86.

danach: Maria Dawid, Weltwunder der Antike. Baukunst und Plastik. Frankfurt/Main, Innsbruck 1968.

vgl. L. Trümpelmann (Hg.), Persepolis. Ein Weltwunder der Antike (Ausstellungskatalog). Mainz 1988.

Weitere Fach- und Sachbücher und -artikel zum Thema:

H.v. Rohden, De mundi miraculis quaestiones selectae. Diss. Bonn 1875.

K. B. Stark, König Maussollos und das Mausoleum von Halikarnass, in ders.: Vorträge und Aufsätze aus dem Gebiete der Archäologie und Kunstgeschichte. Leipzig 1880, 174-217 u. 456-77.

E. J. Banks, The Seven Wonders of the Ancient World. New York, London 1916.

L. Friedländer, Darstellungen aus der Sittengeschichte Roms. 10. Aufl. v. G. Wissowa. Bd. I Leipzig 1922, 446f.

O. Weinreich, Studien zu Martial. (Tübinger Beiträge zur Altertumswissenschaft 4) Stuttgart 1928, 1ff.

R. Gostkowski, Siedm cudów świata. Kwartalnik Klasyczny 2 (1928) 391–440.

F. Krischen, Weltwunder der Baukunst in Babylonien und Jonien. Tübingen 1956.

D. E. L. Haynes, Philo of Byzantium and the Colossus of Rhodes. Journal of Hellenic Studies 77 (1957) 311–12.

A. Müller u. R. Ammon. Die Sieben Weltwunder. 5000 Jahre Kultur und Geschichte der Antike. München 1966.

V. Zamarovský, Die Sieben Weltwunder. Zeugnisse großer Kulturen. München 1966 (andere Übersetzung: Den Sieben Weltwundern auf der Spur. Leipzig 1981).

Th. Dombart, Die Sieben Weltwunder des Altertums. München ²1970.

M. Ashley, The Seven Wonders of the World. Glasgow 1980.

W. Ekschmitt, Die Sieben Weltwunder. Ihre Erbauung, Zerstörung und Wiederentdeckung. Mainz 1984.

V. Rossi, Le sette meraviglie del mondo. I monumenti, i siti, gli artefici e la loro fine. Pisa 1985.

P. A. Clayton u. M. J. Price (Hgg.), Die Sieben Weltwunder, Stuttgart 1990.

K. Brodersen, Ein Weltwunder der Antike in Iran. Archäologische Mitteilungen aus Iran 24 (1991).

Kinderbücher und Spiel zum Thema:

J. A. Hathway, Alte und Neue Weltwunder. (Taschen-Quiz 7) München, Berlin 1966.

Angelika Vahlen, Weltwunder der Antike. Leipzig 1983.

Gisela von Radowitz, Die Sieben Weltwunder. Menschen, Bauten, Sensationen. Würzburg 1985.

M. u. J. Rüttinger, Die Sieben Weltwunder. Das Spiel der Sieben Spiele. Fürth/Bay. 1989.

Zu den frühen Abbildungen der Weltwunder:

Philips Galle: 8 Kupferstiche nach Maarten van Heemskerck 1572 (auf *Taf.* I-VIII ist die erste, unnumerierte von zwei Auflagen abgebildet).

Th. Kerrich, A Catalogue of the Prints which have been engraved after Martin Heemskerck. Cambridge 1829, 104ff.

F. W. H. Hollstein, Dutch and Flemish Etchings, Engravings and Woodcuts. VII. Amsterdam o. J., Nrr. 414-421.

I. M. Veldman, Maarten van Heemskerck and Dutch Humanism in the Sixteenth Century. Amsterdam 1977.

A. Dolders, Philips Galle. (The Illustrated Bartsch 56) New York 1987, Nr. 5601.101:1-8.

Willem Janszoon Blaeuw: Nova Totius Terrarum Orbis Geographica Ac Hydrographica Tabula auct. Gul. Janssonio; Ja. van den Ende sculpsit. Amsterdam 1606.

R. W. Shirley, The Mapping of the World. London 1983, 270f. nr. 255 und pl. 201.

Antonio Tempesta: Septem orbis admiranda .. in aereas tabulas .. relata, a Iusto Rychio Gandense versibus celebrata. Rom 1608.

S. Buffa, Antonio Tempesta. (The Illustrated Bartsch 37) New York 1984, 289ff. nrr. 1453[1]-1459.

Crispijn de Passe d. Ä.: 7 Kupferstiche nach Maarten de Vos 1614.

J. Verbeek u. I. M. Veldman, Hollstein's Dutch and Flemish Etchings, Engravings and Woodcuts. XVI. Amsterdam 1974, 72-78ab.

Johann Bernhard Fischer von Erlach: Entwürff Einer Historischen Architectur. Wien 1721.

G. Kunoth, Die Historische Architektur Fischers von Erlach. (Bonner Beiträge zur Kunstwiss. 5) Düsseldorf 1956, 27ff.

Umschlagabbildung: Thomas Seddon, Die Pyramiden von Gizeh, Ausschnitt. Foto: The Bridgeman Art Library, London.

REGISTER

Die Nummern beziehen sich auf die Listen

Weltwunder

Autoren

Handschriften

DANK

Ich danke den Bibliotheken in Berlin, Florenz, Heidelberg, London, Madrid, München, Oxford, Rom, Turin, Vatikanstadt und Wien, die mir die Handschriften (oder Photographien von ihnen) zugänglich gemacht haben, auf denen meine Editionen des Philon und der Weltwunderlisten beruhen. Die Abbildungen des Papyrus Berolinensis 13044^{v} (Abb. 1) und des Codex Vaticanus latinus 4929 (Abb. 3) stammen aus den Publikationen von Diels bzw. Barlow (s. S. 161.1 bzw. 163.18; Photos Bayerische Staatsbibliothek München), die des Codex Palatinus graecus 398 (Abb. 2) verdanke ich der Universitätsbibliothek Heidelberg und die der 8 Kupferstiche des Philips Galle nach Maarten van Heemskerck von 1572 (Tafel I-VIII) der Staatlichen Graphischen Sammlung München. Für Hinweise danke ich Ch. Leidl (München), Ch. Ley-Hutton (Durham), M. Peintner (Brixen), G. Poethke (Berlin), A. Putzer (Feldthurns), M. Restle (München) und M. Schroeder (Frankfurt/Main).

Institut für Alte Geschichte
Universität München *Kai Brodersen*

Kulturgeschichte
im insel taschenbuch

Jost Amman: Frauentrachtenbuch. Mit kolorierten Holzschnitten der Erstausgabe von 1586 und einem Nachwort von Manfred Lemmer. it 717

Egon Caesar Conte Corti: Geschichte des Rauchens. »Die trockene Trunkenheit«. Ursprung, Kampf und Triumph des Rauchens. Mit zahlreichen Abbildungen. it 904

Feiern und Feste. Ein Lesebuch. Herausgegeben von Hans-Joachim Simm. it 738

Christian Garve: Über die Moden. Herausgegeben von Thomas Pitroff. Mit farbigen Illustrationen. it 989

Detlef Hoffmann: Gemalte Spielkarten. Ihre Geschichte an handgemalten Beispielen von Detlef Hoffmann. it 912

Freia Hoffmann: Musik und Körper. Die musizierende Frau in der bürgerlichen Kultur. it 1274

Christoph Wilhelm Hufeland: Makrobiotik oder die Kunst, das menschliche Leben zu verlängern. Mit einem Brief Immanuel Kants an den Autor sowie einem Nachwort von Rolf Brück. it 770

Adolph von Knigge: Über den Umgang mit Menschen. Herausgegeben von Gert Ueding mit Illustrationen von Chodowiecki und anderen. it 273

Das Leben und Sterben der Kindsmörderin Susanna Margaretha Brandt. Nach den Prozeßakten dargestellt von Siegfried Birkner. it 1190

Das Lesebuch vom Studium. Studienerfahrungen vom 13. Jahrhundert bis heute. Herausgegeben von Vera Pagin. Zusammengestellt von Sabine Baumann, Stefan Burk, Rolf Faust und Susanne Haertel. it 1214

Dagmar Müller-Staats: Klagen über Dienstboten. Eine Untersuchung über Dienstboten und ihre Herrschaften. Mit zahlreichen Abbildungen. it 683

George Ordish: Geschichte eines Gartens. Vom 16. Jahrhundert bis zur Gegenwart. Aus dem Englischen von Matthias Müller. Mit Zeichnungen von Alison Claire Darke. it 1143

Michael Schroeder: Kleine Wappenkunst. Mit farbigen Abbildungen. it 1281

Ewald Gerhard Seeliger: Handbuch des Schwindels. Mit einem Vorwort von Jürgen Lodemann und einem Nachwort von Max Heigl. it 919

Wie ein Mann ein fromm Weib soll machen. Mittelalterliche Lehren über Ehe und Haushalt. Herausgegeben, ins Neuhochdeutsche übertragen und mit einem Nachwort versehen von Michael Dallapiazza. it 745

166/1/10.90